रामप्रसाद 'बिस्मिल'

रामप्रसाद 'बिस्मिल' भारतीय स्वतंत्रता आन्दोलन के अग्रणी क्रान्तिकारी थे। वे शायर भी थे। उनका जन्म 11 जून, 1897 को उत्तर प्रदेश के शाहजहाँपुर जिले में हुआ था। चौदह वर्ष की उम्र में उन्होंने उर्दू का चौथा दर्जा पास किया पर उर्दू मिडिल की परीक्षा पास नहीं कर सके और अंग्रेजी पढ़ने लगे। युवावस्था में आर्यसमाजी विचारों से प्रभावित होकर आर्य समाज में शामिल हुए। कांग्रेस की तरफ भी आकर्षित हुए लेकिन जल्द ही क्रान्तिकारी विचारों से प्रभावित हो उस राह पर बढ़ चले।

1918 के 'मैनपुरी षड्यंत्र' में सरकार द्वारा प्रतिबन्धित पुस्तकें बेचने और अपने क्रान्तिकारी दल के लिए सरकारी खजाने को लूटने के आरोप उन पर लगे। 1920 में शचीन्द्रनाथ सान्याल और यदुगोपाल मुखर्जी के साथ हिन्दुस्तान रिपब्लिकन एसोसिएशन का गठन किया जिसका उद्देश्य सशस्त्र क्रान्ति के जरिये भारत में संघीय गणराज्य की स्थापना करना था।

1925 में एसोसिएशन ने काकोरी के पास ट्रेन रोककर सरकारी खजाना लूट लिया। इस मामले में एसोसिएशन के अन्य सदस्यों के साथ बिस्मिल पर भी मुकदमा चला। डेढ़ साल की कानूनी प्रक्रिया के बाद अशफ़ाकउल्ला खाँ, राजेन्द्रनाथ लाहिड़ी और ठाकुर रोशन सिंह के साथ उन्हें फाँसी की सजा सुनाई गई। 19 दिसम्बर, 1927 को गोरखपुर जेल में उन्हें फाँसी दे दी गई। फाँसी से पहले जेल में ही उन्होंने अपनी आत्मकथा लिखी। वे युवावस्था से ही लेखन करने लगे थे। देशभक्ति के भावों से भरी शायरी के साथ-साथ उन्होंने वैचारिक गद्य भी लिखा जिसमें उनका जोर औपनिवेशिक दासता के विरुद्ध संघर्ष करने, साम्प्रदायिक सद्भाव तथा राष्ट्रीय एकता को मजबूत करने पर रहता था।

आत्मकथा

रामप्रसाद 'बिस्मिल'

लोकभारती पेपरबैक्स

यह 'आत्मकथा' दिसम्बर, 1927 में गोरखपुर जेल में लिखी गई थी, जिसे बिस्मिल की फाँसी के बाद 'काकोरी षड्यंत्र' पुस्तक में भजनलाल बुकसेलर ने आर्ट प्रेस, सिन्ध से 'निज जीवन की एक छटा' शीर्षक से प्रकाशित किया था। इसके बाद गणेश शंकर विद्यार्थी ने इसे 'काकोरी के शहीद' शीर्षक से प्रताप प्रेस, कानपुर से प्रकाशित किया था।

लोकभारती पेपरबैक्स में
पहला संस्करण : 2025

लोकभारती पेपरबैक्स : उत्कृष्ट साहित्य के लोकप्रिय संस्करण

लोकभारती प्रकाशन
पहली मंजिल, दरबारी बिल्डिंग, महात्मा गांधी मार्ग
प्रयागराज-211 001
द्वारा प्रकाशित

शाखाएँ : 1-बी, नेताजी सुभाष मार्ग, दरियागंज, नई दिल्ली-110 002
अशोक राजपथ, साइंस कॉलेज के सामने, पटना-800 006
1, अनमोल सोराबजी सन्तुक लेन, धोबी तलाव, मरीन लाइंस, मुम्बई-400 002
वेबसाइट : www.lokbhartiprakashan.com
ई-मेल : info@lokbhartiprakashan.com

विकास कंप्यूटर एंड प्रिंटर्स
ट्रॉनिका सिटी-201 102
द्वारा मुद्रित

मूल्य : ₹199

ATMAKATHA
Autobiography by Ram Prasad 'Bismil'

ISBN : 978-93-48229-23-6

प्रथम खंड

तोमरधार में चम्बल नदी के किनारे पर दो ग्राम आबाद हैं, जो ग्वालियर राज्य में बहुत ही प्रसिद्ध हैं, क्योंकि इन ग्रामों के निवासी बड़े उद्दंड हैं। वे राज्य की सत्ता की कोई चिन्ता नहीं करते। जमींदारों का यह हाल है कि जिस साल उनके मन में आता है, राज्य को भूमि-कर देते हैं और जिस साल उनकी इच्छा नहीं होती, मालगुजारी देने से साफ इनकार कर जाते हैं। यदि तहसीलदार या राज्य का कोई और अधिकारी आता है तो ये जमींदार बीहड़ में चले जाते हैं और महीनों बीहड़ों में ही पड़े रहते हैं। उनके पशु भी वहीं रहते हैं और भोजनादि भी बीहड़ों में ही होता है। घर पर कोई ऐसा मूल्यवान पदार्थ नहीं छोड़ते, जिसे नीलाम करके मालगुजारी वसूल की जा सके। एक जमींदार के सम्बन्ध में कथा प्रचलित है कि मालगुजारी न देने के कारण ही उनको कुछ भूमि माफी में मिल गई। पहले तो कई साल तक भागे रहे। एक बार धोखे से पकड़ लिये गए तो तहसील के अधिकारियों ने उन्हें बहुत सताया। कई दिन तक बिना खाना-पानी के बँधा रहने दिया। अन्त में जलाने की धमकी दे, पैरों पर सूखी घास डालकर आग लगवा दी। किन्तु उन

जमींदार महोदय ने भूमि-कर देना स्वीकार न किया और यही उत्तर दिया कि ग्वालियर महाराज के कोष में मेरे कर न देने से घाटा न पड़ जाएगा। संसार क्या जानेगा कि अमुक व्यक्ति उद्दंडता के कारण भी अपना समय व्यतीत करता है। राज्य को लिखा गया, जिसका परिणाम यह हुआ कि उतनी भूमि उन महाशय को माफी में दे दी गई। इसी प्रकार एक समय इन ग्रामों के निवासियों को एक अद्‌भुत खेल सूझा। उन्होंने महाराज के रिसाले के साठ ऊँट चुराकर बीहड़ों में छिपा दिये। राज्य को लिखा गया, जिस पर राज्य की ओर से आज्ञा हुई कि दोनों ग्राम तोप लगाकर उड़वा दिये जाएँ। न जाने किस प्रकार समझाने-बुझाने से वे ऊँट वापस किये गए और अधिकारियों को समझाया गया कि इतने बड़े राज्य में थोड़े से वीर लोगों का निवास है, इनका विध्वंस न करना ही उचित होगा। तब तोपें लौटाई गईं और ग्राम उड़ाए जाने से बचे। ये लोग अब राज्य-निवासियों को तो अधिक नहीं सताते, किन्तु बहुधा अंग्रेजी राज्य में आकर उपद्रव कर जाते और अमीरों के मकानों पर छापा मारकर रात-ही-रात बीहड़ में दाखिल हो जाते। बीहड़ में पहुँच जाने पर पुलिस या फौज कोई भी उनका बाल-बाँका नहीं कर सकती। ये दोनों ग्राम अंग्रेजी राज्य की सीमा से लगभग पन्द्रह मील की दूरी पर चम्बल नदी के तट पर हैं। यहीं के एक प्रसिद्ध वंश में मेरे पितामह श्री नारायणलाल जी का जन्म हुआ था। वह कौटुम्बिक कलह और अपनी भाभी के असहनीय दुर्व्यवहार के कारण मजबूर हो अपनी जन्मभूमि छोड़ इधर-उधर भटकते रहे। अन्त में अपनी धर्मपत्नी और दो पुत्रों के साथ वह शाहजहाँपुर पहुँचे। उनके इन्हीं दो पुत्रों में ज्येष्ठ पुत्र

श्री मुरलीधर जी मेरे पिता हैं। उस समय उनकी अवस्था आठ वर्ष और उनके छोटे पुत्र मेरे चाचा (श्री कल्याणमल) की उम्र छह वर्ष की थी। इस समय यहाँ दुर्भिक्ष का भयंकर प्रकोप था।

दुर्दिन

अनेक प्रयत्न करने के पश्चात शाहजहाँपुर में एक अत्तार महोदय की दुकान पर श्रीयुत नारायणलाल जी को तीन रुपये मासिक वेतन की नौकरी मिली। तीन रुपये मासिक में दुर्भिक्ष के समय चार प्राणियों का किस प्रकार निर्वाह हो सकता था? दादीजी ने बहुत प्रयत्न किया कि अपने-आप केवल एक समय आधे पेट भोजन करके बच्चों का पेट पाला जाए, किन्तु फिर भी निर्वाह न हो सका। बाजरा, ककुनी, साँवाँ, ज्वार इत्यादि खाकर दिन काटने चाहे, किन्तु फिर भी गुजारा न हुआ। तब दादीजी आधा बथुआ, चना या कोई दूसरा साग, जो सबसे सस्ता होता, उसको लेकर, उसमें सबसे सस्ता अनाज आधा मिलाकर, थोड़ा सा नमक डालकर उसे स्वयं खातीं, लड़कों को चना या जौ की रोटी देतीं और इसी प्रकार दादाजी भी समय व्यतीत करते थे। बड़ी कठिनता से आधे पेट खाकर दिन तो कट जाता, किन्तु पेट में घोंटू दबाकर रात काटना कठिन हो जाता। यह तो भोजन की अवस्था थी, वस्त्र तथा रहने के स्थान का किराया कहाँ से आता? दादीजी ने चाहा कि भले घरों में कोई मजदूरी ही मिल जाए, किन्तु अनजान व्यक्ति का, जिसकी भाषा भी अपने देश की भाषा से न

मिलती हो, भले घरों में सहसा कौन विश्वास कर सकता था? कोई मजदूरी पर अपना अनाज भी पीसने को न देता था। डर था कि दुर्भिक्ष का समय है, खा लेगी। बहुत प्रयत्न करने के बाद दो-एक महिलाएँ अपने घर पर अनाज पिसवाने पर राजी हुईं, किन्तु पुरानी काम करनेवालियों को कैसे जवाब दें? इसी प्रकार अड़चनों के बाद पाँच-सात सेर अनाज पीसने को मिल जाता, जिसकी पिसाई उस समय एक पैसा प्रति पंसेरी थी। बड़ी कठिनता से आधे पेट भोजन करके तीन-चार घंटों तक पीसकर एक पैसा या डेढ़ पैसा मिलता। फिर घर पर आकर बच्चों के लिए भोजन तैयार करना पड़ता। दो-तीन वर्ष तक यही अवस्था रही। बहुधा दादाजी देश को लौट चलने का विचार प्रकट करते, किन्तु दादीजी का यही उत्तर होता कि जिनके कारण देश छूटा, धन-सामग्री सब नष्ट हुई और ये दिन देखने पड़े, अब उन्हीं के पैरों में सिर रखकर दासत्व स्वीकार करने से इसी प्रकार प्राण दे देना कहीं श्रेष्ठ है, ये दिन सदैव न रहेंगे। सब प्रकार के संकट सहे, किन्तु दादीजी देश को लौटकर न गईं।

चार-पाँच वर्ष में जब कुछ सज्जन परिचित हो गए और जान लिया कि स्त्री भले घर की है, कुसमय पड़ने से दीन-दशा को प्राप्त हुई है, तब बहुत सी महिलाएँ विश्वास करने लगीं। दुर्भिक्ष भी दूर हो गया था। कभी-कभी किसी सज्जन के यहाँ से कुछ दान मिल जाता, कोई ब्राह्मण भोजन करा देता। इसी प्रकार समय व्यतीत होने लगा। कई महानुभावों ने, जिनके कोई सन्तान न थी और धनादि पर्याप्त था, दादीजी को अनेक प्रकार के प्रलोभन दिये कि वह अपना एक लड़का उन्हें दे दें और जितना धन माँगें, उनकी भेंट किया जाएगा।

किन्तु दादीजी आदर्श माता थीं, उन्होंने इस प्रकार के प्रलोभनों की किंचित्-मात्र भी परवाह न की और अपने बच्चों का किसी-न-किसी प्रकार पालन करती रहीं।

मेहनत-मजदूरी तथा ब्राह्मण-वृत्ति द्वारा कुछ धन एकत्रित हुआ। कुछ महानुभावों के कहने से पिताजी के किसी पाठशाला में शिक्षा पाने का प्रबन्ध कर दिया गया। दादाजी ने भी कुछ प्रयत्न किया, उनका वेतन भी बढ़ गया और वह सात रुपये मासिक पाने लगे। इसके बाद उन्होंने नौकरी छोड़ पैसे तथा दुअन्नी, चवन्नी इत्यादि बेचने की दुकान की। पाँच-सात आने रोज पैदा होने लगे। जो दुर्दिन आए थे, प्रयत्न तथा साहस से दूर होने लगे। इसका सब श्रेय पूजनीय दादीजी को ही है। जिस साहस तथा धैर्य से उन्होंने काम लिया, वह वास्तव में किसी दैवी शक्ति की सहायता ही कही जाएगी। अन्यथा एक अशिक्षित ग्रामीण महिला की क्या सामर्थ्य है कि वह नितान्त अपरिचित स्थान में जाकर मेहनत-मजदूरी करके अपना तथा अपने बच्चों का पेट पालन करते हुए उनको शिक्षित बनाए और फिर ऐसी परिस्थितियों में, जबकि उसने कभी अपने जीवन में घर से बाहर पैर न रखा हो और जो ऐसे कट्टर देश की रहनेवाली हो कि जहाँ पर प्रत्येक हिन्दू प्रथा का पूर्णतया पालन किया जाता हो, जहाँ के निवासी अपनी प्रथाओं की रक्षा के लिए प्राणों की किंचित्-मात्र भी चिन्ता न करते हों। किसी ब्राह्मण, क्षत्रिय या वैश्य की कुलवधू का क्या साहस, जो डेढ़ हाथ का घूँघट निकाले बिना एक घर से दूसरे घर चली जाए। शूद्र जाति की वधुओं के लिए भी यही नियम है कि वे रास्ते में बिना

घूँघट निकाले न जाएँ। शूद्रों का पहनावा ही अलग है, ताकि उन्हें देखकर दूर से ही पहचान लिया जाए कि यह किसी नीच जाति की स्त्री है। ये प्रथाएँ इतनी प्रचलित हैं कि उन्होंने अत्याचार का रूप धारण कर लिया है। एक समय किसी चमार की वधू, जो अँगरेजी राज्य से विवाह करके गई थी, कुल-प्रथानुसार जमींदार के घर पैर छूने के लिए गई। वह पैरों में बिछुवे (नूपुर) पहने हुई थी और सब पहनावा चमारों का पहने थी। जमींदार महोदय की निगाह उसके पैरों पर पड़ी। पूछने पर मालूम हुआ कि चमार की बहू है। जमींदार साहब जूता पहनकर आए और उसके पैरों पर खड़े होकर इस जोर से दबाया कि उसकी अँगुलियाँ कट गईं! उन्होंने कहा कि यदि चमारों की बहुएँ बिछुवा पहनेंगी तो ऊँची जाति के घर की स्त्रियाँ क्या पहनेंगी? ये लोग नितान्त अशिक्षित तथा मूर्ख हैं, किन्तु जाति-अभिमान में चूर रहते हैं। गरीब-से-गरीब अशिक्षित ब्राह्मण या क्षत्रिय, चाहे वह किसी भी आयु का हो, यदि शूद्र जाति की बस्ती में से गुजरे तो चाहे कितना ही धनी या वृद्ध कोई शूद्र क्यों न हो, उसको उठकर पालागन या जुहार करनी ही पड़ेगी। यदि ऐसा न करे तो उसी समय वह ब्राह्मण या क्षत्रिय उसे जूतों से मार सकता है और सब उस शूद्र का ही दोष बताकर उसका तिरस्कार करेंगे! यदि किसी कन्या या बहू पर व्यभिचारिणी होने का सन्देह किया जाए, तो उसे बिना किसी विचार के मारकर चम्बल में प्रवाहित कर दिया जाता है। इसी प्रकार, यदि किसी विधवा पर व्यभिचार या किसी प्रकार आचरण-भ्रष्ट होने का दोष लगाया जाए तो चाहे वह गर्भवती ही क्यों न हो, उसे तुरन्त ही

काटकर चम्बल में पहुँचा दें और किसी को कानोकान भी खबर न होने दें। वहाँ के मनुष्य भी सदाचारी होते हैं। वे सबकी बहू-बेटी को अपनी बहू-बेटी समझते हैं। स्त्रियों की मान-मर्यादा की रक्षा के लिए प्राण देने में भी कभी नहीं हिचकिचाते। इस प्रकार के देश में विवाहित होकर सब प्रकार की प्रथाओं को देखते हुए भी इतना साहस करना यह दादीजी का ही काम था।

परमात्मा की दया से दुर्दिन समाप्त हुए। पिताजी कुछ शिक्षा पा गए और एक मकान भी श्री दादाजी ने खरीद लिया। दरवाजे-दरवाजे भटकनेवाले कुटुम्ब को शान्तिपूर्वक बैठने का स्थान मिल गया और फिर श्री पिताजी के विवाह करने का विचार हुआ। दादीजी, दादाजी तथा पिताजी के साथ अपने मायके गईं। वहीं पिताजी का विवाह कर दिया। वहाँ दो-चार मास रहकर सब लोग वधू को विदा कराके साथ लिवा लाए।

गार्हस्थ्य जीवन

विवाह हो जाने के पश्चात पिताजी म्युनिसिपैलिटी में पन्द्रह रुपये मासिक वेतन पर नौकर हो गए। उन्होंने कोई बड़ी शिक्षा प्राप्त न की थी। पिताजी को यह नौकरी पसन्द न आई। उन्होंने एक-दो साल के बाद नौकरी छोड़कर स्वतंत्र व्यवसाय आरम्भ करने का प्रयत्न किया और कचहरी में सरकारी स्टाम्प बेचने लगे। उनके जीवन का अधिक भाग इसी व्यवसाय में व्यतीत हुआ। साधारण श्रेणी के

गृहस्थ बनकर उन्होंने इसी व्यवसाय द्वारा अपनी सन्तानों को शिक्षा दी, अपने कुटुम्ब का पालन किया और अपने मुहल्ले के गण्यमान्य व्यक्तियों में गिने जाने लगे। वे रुपये का लेन-देन भी करते थे। उन्होंने तीन बैलगाड़ी भी बनाई थीं, जो किराए पर चला करती थीं। पिताजी को व्यायाम से प्रेम था। उनका शरीर बड़ा सुदृढ़, सुडौल था। वह नियमपूर्वक अखाड़े में कुश्ती लड़ा करते थे।

पिताजी के गृह में एक पुत्र उत्पन्न हुआ, किन्तु वह मर गया। उसके एक साल बाद लेखक (श्री रामप्रसाद) ने ज्येष्ठ शुक्ल पक्ष 11 संवत् 1954 विक्रमी को जन्म लिया। बड़े प्रयत्नों से मानता मानकर अनेक गंडे, तावीज तथा कवचों द्वारा श्री दादाजी ने इस शरीर की रक्षा के लिए प्रयत्न किया। स्यात बालकों का रोग गृह में प्रवेश कर गया था। अतएव जन्म लेने के एक या दो माह पश्चात ही मेरे शरीर की अवस्था भी पहले बालक जैसी होने लगी। किसी ने बताया कि सफेद खरगोश को मेरे शरीर पर घुमाकर छोड़ दिया जाए, यदि बीमारी होगी तो खरगोश तुरन्त मर जाएगा। कहते हैं कि हुआ भी ऐसा ही। एक सफेद खरगोश को मेरे शरीर पर से उतारकर जैसे ही जमीन पर छोड़ा गया, वैसे ही उसने तीन-चार चक्कर काटे और मर गया। मेरे विचार में किसी अंश में यह सम्भव भी है, क्योंकि औषधि तीन प्रकार की होती है—(1) दैविक, (2) मानुषिक और (3) पैशाचिक। पैशाचिक औषधियों में अनेक प्रकार के पशु या पक्षियों के मांस अथवा रुधिर का व्यवहार होता है, जिनका उपयोग वैद्यक के ग्रंथों में पाया जाता है। इनमें से एक प्रयोग बड़ा ही कौतूहलोत्पादक तथा आश्चर्यजनक यह है कि जिस बच्चे को जभोखे (सूखा) की बीमारी

हो गई हो, यदि उसके सामने चमगादड़ चीरकर लाया जाए तो एक-दो मास का बालक चमगादड़ को पकड़कर उसका खून चूस लेगा और बीमारी जाती रहेगी। यह बड़ी उपयोगी औषधि है और एक महात्मा की बतलाई हुई है।

जब मैं सात वर्ष का हुआ तो पिताजी ने स्वयं ही मुझे हिन्दी अक्षरों का बोध कराया और एक मौलवी साहब के मकतब में उर्दू पढ़ने के लिए भेज दिया। मुझे भली-भाँति स्मरण है कि पिताजी अखाड़े में कुश्ती लड़ने जाते थे और अपने से बलिष्ठ तथा शरीर में डेढ़ गुने पट्ठे को पटक देते थे। कुछ दिनों बाद पिताजी का एक बंगाली (श्री चटर्जी) महाशय से प्रेम हो गया। चटर्जी महाशय की अँगरेजी दवा की दुकान थी। वे बड़े भारी नशेबाज थे। एक समय में आधा छटाँक चरस की चिलम उड़ाया करते थे। उन्हीं की संगति में पिताजी ने भी चरस पीना सीख लिया, जिसके कारण उनका शरीर नितान्त नष्ट हो गया। दस वर्ष में ही सम्पूर्ण शरीर सूखकर हड्डियाँ निकल आईं। चटर्जी महाशय सुरापान भी करने लगे। अतएव उनका कलेजा बढ़ गया और उसी से उनका शरीरान्त हो गया। मेरे बहुत कुछ समझाने पर पिताजी ने अपनी चरस पीने की आदत को छोड़ा, किन्तु बहुत दिनों बाद।

मेरे बाद पाँच बहनों और तीन भाइयों का जन्म हुआ। दादीजी ने बहुत कहा कि कुल की प्रथा के अनुसार कन्याओं को मार डाला जाए, किन्तु माताजी ने इसका विरोध किया और कन्याओं के प्राणों की रक्षा की। मेरे कुल में यह पहला ही समय था कि कन्याओं का पोषण हुआ। पर इनमें से दो बहनों और दो भाइयों का देहान्त हो गया। शेष

एक भाई, जो इस समय (1927 ई.) दस वर्ष का है और तीन बहनें बचीं। माताजी के प्रयत्न से तीनों बहनों को अच्छी शिक्षा दी गई और उनका विवाह बड़ी धूमधाम से किया गया। इसके पूर्व हमारे कुल की कन्याएँ किसी को नहीं ब्याही गईं, क्योंकि वे जीवित ही नहीं रखी जाती थीं।

दादाजी बड़ी सरल प्रकृति के मनुष्य थे। जब तक वे जीवित रहे, पैसे बेचने का ही व्यवसाय करते रहे। उनको गाय पालने का बहुत शौक था। स्वयं ग्वालियर जाकर बड़ी-बड़ी गायें खरीद लाते थे। वहाँ की गायें काफी दूध देती हैं। अच्छी गाय दस या पन्द्रह सेर दूध देती है। ये गायें बड़ी सीधी भी होती हैं। दूध दोहन करते समय उनकी टाँगें बाँधने की आवश्यकता नहीं होती और जब जिसका जी चाहे, बिना बच्चे के दूध दोहन कर सकता है। बचपन में मैं बहुधा जाकर गाय के थन में मुँह लगाकर दूध पिया करता था। वास्तव में वहाँ की गायें दर्शनीय होती हैं।

दादाजी मुझे खूब दूध पिलाया करते थे। उन्हें अठारह गोटी (बधिया बग्घा) खेलने का बड़ा शौक था। सायंकाल के समय नित्य शिव-मन्दिर में जाकर दो घंटे तक परमात्मा का भजन किया करते थे। उनका लगभग पचपन वर्ष की आयु में स्वर्गारोहण हुआ।

बाल्यकाल से ही पिताजी मेरी शिक्षा का अधिक ध्यान रखते थे और जरा सी भूल करने पर बहुत पीटते थे। मुझे अब भी भली-भाँति स्मरण है कि जब मैं नागरी के अक्षर लिखना सीख रहा था। तो मुझे 'उ' लिखना न आया। मैंने बहुत प्रयत्न किया। पर जब पिताजी कचहरी चले गए तो मैं भी खेलने चला गया। पिताजी ने कचहरी

से आकर मुझसे 'उ' लिखवाया, मैं न लिख सका। उन्हें मालूम हो गया कि मैं खेलने चला गया था, इस पर उन्होंने मुझे बन्दूक के लोहे के गज से इतना पीटा कि गज टेढ़ा पड़ गया। मैं भागकर दादाजी के पास चला गया, तब बचा। मैं छोटेपन से ही बहुत उद्दंड था। पिताजी के पर्याप्त शासन रखने पर भी बहुत उद्दंडता करता था। एक समय किसी के बाग में जाकर आड़ू के वृक्षों में से सब आड़ू तोड़ डाले। माली पीछे दौड़ा, किन्तु मैं उसके हाथ न आया। माली ने सब आड़ू पिताजी के सामने ला रखे। उस दिन पिताजी ने मुझे इतना पीटा कि मैं दो दिन तक उठ न सका। इसी प्रकार खूब पिटता था, किन्तु उद्दंडता अवश्य करता था। शायद उस बचपन की मार से ही यह शरीर बहुत कठोर तथा सहनशील बन गया।

मेरी कुमारावस्था

जब मैं उर्दू का चौथा दरजा पास करके पाँचवें में आया, उस समय मेरी अवस्था लगभग चौदह वर्ष की होगी। इसी बीच मुझे पिताजी के सन्दूक से रुपये-पैसे चुराने की आदत पड़ गई थी। इन पैसों से उपन्यास खरीदकर खूब पढ़ता। पुस्तक-विक्रेता महाशय पिताजी के जान-पहचान के थे। उन्होंने पिताजी से मेरी शिकायत की। अब मेरी कुछ जाँच होने लगी। मैंने उन महाशय के यहाँ से किताबें खरीदना ही छोड़ दिया। मुझमें दो-एक खराब आदतें भी पड़ गईं। मैं सिगरेट पीने लगा। कभी-कभी भंग भी जमा लेता था।

कुमारावस्था में स्वतंत्रतापूर्वक पैसे हाथ आ जाने से और उर्दू के प्रेम रसपूर्ण उपन्यासों तथा गजलों की पुस्तकों ने आचरण पर भी अपना कुप्रभाव दिखाना आरम्भ कर दिया। घुन लगना आरम्भ हुआ ही था कि परमात्मा ने बड़ी सहायता की। मैं एक रोज भंग पीकर पिताजी की सन्दूकची में से रुपये निकालने लगा। नशे की हालत में होश ठीक न रहने के कारण सन्दूकची खटक गई। माताजी को सन्देह हुआ। उन्होंने मुझे पकड़ लिया। चाबी पकड़ी गई। मेरे सन्दूक की तलाशी ली गई, बहुत से रुपये निकले और सारा भेद खुल गया। मेरी किताबों में अनेक उपन्यासादि पाए गए, जो उसी समय फाड़ डाले गए। परमात्मा की कृपा से मेरी चोरी पकड़ ली गई, नहीं तो दो-चार वर्ष में न दीन का रहता न दुनिया का। इसके बाद भी मैंने बहुत घातें लगाईं, किन्तु पिताजी ने सन्दूकची का ताला बदल दिया था। मेरी कोई चाल न चल सकी। अब जब कभी मौका मिल जाता तो माताजी के रुपयों पर हाथ फेर देता था, इसी प्रकार की कुटेवों के कारण दो बार उर्दू मिडिल की परीक्षा में उत्तीर्ण न हो सका। तब मैंने अँगरेजी पढ़ने की इच्छा प्रकट की। पिताजी मुझे अँगरेजी पढ़ाना न चाहते थे और किसी व्यवसाय में लगाना चाहते थे, किन्तु माताजी की कृपा से मैं अँगरेजी पढ़ने भेजा गया। दूसरे वर्ष जब मैं उर्दू मिडिल की परीक्षा में फेल हुआ, उसी समय पड़ोस के देव मन्दिर में, जिसकी दीवार मेरे मकान से मिली थी, एक पुजारी जी आ गए। वे बड़े ही सच्चरित्र व्यक्ति थे। मैं उनके पास उठने-बैठने लगा।

मैं मन्दिर में आने-जाने लगा। कुछ पूजा-पाठ भी सीखने लगा। पुजारी जी के उपदेशों का मुझ पर बड़ा उत्तम प्रभाव हुआ।

मैं अपना अधिकतर समय स्तुति-पूजन तथा पढ़ने में व्यतीत करने लगा। पुजारी जी मुझे ब्रह्मचर्य पालन का खूब उपदेश देते थे। वे मेरे पथ-प्रदर्शक बने। मैंने एक दूसरे सज्जन की देखा-देखी व्यायाम करना भी आरम्भ कर दिया। अब तो मुझे भक्ति मार्ग में कुछ आनन्द प्राप्त होने लगा और चार-पाँच महीने में ही व्यायाम भी खूब करने लगा। मेरी सब बुरी आदतें तथा कुभावनाएँ जाती रहीं। स्कूलों की छुट्टियाँ समाप्त होने पर मैंने मिशन स्कूल के अँगरेजी के पाँचवें दरजे में नाम लिखा लिया। इस समय तक मेरी और सब कुटेवें तो छूट गई थीं, किन्तु सिगरेट पीना न छूटता था। मैं सिगरेट बहुत पीता था। एक दिन में पचास-साठ सिगरेट पी डालता था। मुझे बड़ा दुख होता था कि मैं इस जीवन में सिगरेट पीने की कुटेव को न छोड़ सकूँगा। स्कूल में भर्ती होने के थोड़े दिनों बाद ही एक सहपाठी श्रीयुत सुशीलचंद सेन से कुछ विशेष स्नेह हो गया। उन्हीं की दया के कारण मेरा सिगरेट पीना भी छूट गया।

देव-मन्दिर में स्तुति-पूजा करने की प्रवृत्ति को देखकर श्रीयुत मुंशी इन्द्रजीत जी ने मुझे संध्या करने का उपदेश दिया। मुंशीजी उसी मन्दिर में रहनेवाले किसी महाशय के पास आया करते थे। व्यायामादि करने के कारण मेरा शरीर बड़ा सुगठित हो गया था और रंग निखर आया था। मैंने जानना चाहा कि संध्या क्या वस्तु है। मुंशीजी ने आर्य समाज सम्बन्धी कुछ उपदेश दिये। इसके बाद मैंने 'सत्यार्थप्रकाश' पढ़ा। इससे तख्ता ही पलट गया। 'सत्यार्थप्रकाश' के अध्ययन ने मेरे जीवन के इतिहास में एक नवीन पृष्ठ खोल दिया। मैंने उल्लिखित ब्रह्मचर्य के कठिन नियमों का पालन करना

आरम्भ कर दिया। मैं एक कम्बल को तख्त पर बिछाकर सोता और प्रातःकाल चार बजे से ही शैया-त्याग कर देता। स्नान-संध्यादि से निवृत्त होकर व्यायाम करता, किन्तु मन की वृत्तियाँ ठीक न होतीं। मैंने रात्रि के समय भोजन करना त्याग दिया। केवल थोड़ा सा दूध ही रात को पीने लगा। सहसा ही बुरी आदतों को छोड़ा था, इस कारण कभी-कभी स्वप्नदोष हो जाता। तब किसी सज्जन के कहने से मैंने नमक खाना भी छोड़ दिया। केवल उबालकर साग या दाल से एक समय भोजन करता। मिर्च-खटाई तो छूता भी न था। इस प्रकार पाँच वर्ष तक बराबर नमक न खाया। नमक के न खाने से शरीर के दोष दूर हो गए और मेरा स्वास्थ्य दर्शनीय हो गया। सब लोग मेरे स्वास्थ्य को आश्चर्य की दृष्टि से देखा करते थे।

मैं थोड़े दिनों में ही बड़ा कट्टर आर्य समाजी हो गया। आर्य समाज के अधिवेशन में जाता-आता। संन्यासी-महात्माओं के उपदेशों को बड़ी श्रद्धा से सुनता। जब कोई संन्यासी आर्य समाज में आता तो उसकी हर प्रकार से सेवा करता, क्योंकि मेरी प्राणायाम सीखने की बड़ी उत्कट इच्छा थी। जिस संन्यासी का नाम सुनता, शहर से तीन-चार मील उसकी सेवा के लिए जाता, फिर वह संन्यासी चाहे जिस मत का अनुयायी होता। जब मैं अँगरेजी के सातवें दरजे में था, तब सनातन धर्मी पंडित जगतप्रसाद जी शाहजहाँपुर पधारे। उन्होंने आर्य समाज का खंडन करना प्रारम्भ किया। आर्य समाजियों ने भी उनका विरोध किया और पं. अखिलानन्द जी को बुलाकर शास्त्रार्थ कराया। शास्त्रार्थ संस्कृत में हुआ। जनता पर अच्छा प्रभाव हुआ। मेरे कामों को देखकर मुहल्लेवालों ने पिताजी

से मेरी शिकायत की। पिताजी ने मुझसे कहा कि आर्य समाजी हार गए। अब तुम आर्य समाज से अपना नाम कटा दो। मैंने पिताजी से कहा कि आर्यसमाज के सिद्धान्त सार्वभौम हैं, उन्हें कौन हरा सकता है? अनेक वाद-विवाद के पश्चात पिताजी जिद पकड़ गए कि आर्य समाज से त्यागपत्र न देगा तो मैं तुझे रात को सोते समय मार दूँगा; या तो आर्य समाज से त्यागपत्र दे या घर छोड़ दे। मैंने भी विचारा कि पिताजी का क्रोध यदि अधिक बढ़ गया और उन्होंने मुझ पर कोई वस्तु ऐसी दे पटकी कि जिससे बुरा परिणाम हुआ तो अच्छा न होगा। अतएव घर त्याग देना ही उचित है। मैं केवल एक कमीज पहने खड़ा था और पाजामा उतारकर धोती पहन रहा था। पाजामे के नीचे लँगोट बँधा था। पिताजी ने हाथ से धोती छीन ली और कहा, 'घर से निकल।' मुझे भी क्रोध आ गया। मैं पिताजी के पैर छूकर गृह त्यागकर चला गया। कहाँ जाऊँ, कुछ समझ में न आया। शहर में किसी से जान-पहचान न थी कि जहाँ छिपा रहता। मैं जंगल की ओर चला गया। एक रात और एक दिन बाग में पेड़ पर बैठा रहा। भूख लगने पर खेतों में से हरे चने तोड़कर खाए, नदी में स्नान किया और जलपान किया। दूसरे दिन संध्या समय पं. अखिलानन्द जी का व्याख्यान आर्य समाज मन्दिर में था। मैं आर्य समाज मन्दिर में गया। एक पेड़ के नीचे एकान्त में खड़ा व्याख्यान सुन रहा था कि पिताजी दो मनुष्यों को लिये हुए आ पहुँचे और मैं पकड़ लिया गया। वे उसी समय पकड़कर स्कूल के हेडमास्टर के पास ले गए। हेडमास्टर साहब ईसाई थे। मैंने उन्हें सब वृत्तान्त कह सुनाया। उन्होंने पिताजी को ही समझाया कि समझदार लड़के

को मारना-पीटना ठीक नहीं। मुझे भी बहुत-कुछ उपदेश दिया। उस दिन से पिताजी ने कभी भी मुझ पर हाथ नहीं उठाया, क्योंकि मेरे घर से निकल जाने पर घर में बड़ा क्षोभ रहा। एक रात एक दिन किसी ने भोजन नहीं किया, सब बड़े दुखी हुए कि अकेला पुत्र न जाने नदी में डूब गया या रेल से कट गया। पिताजी के हृदय को भी बड़ा भारी धक्का पहुँचा। उस दिन से वे मेरी प्रत्येक बात सहन कर लेते थे, अधिक विरोध न करते थे। मैं पढ़ने में बड़ा प्रयत्न करता था और अपने दरजे में प्रथम उत्तीर्ण होता था। यह अवस्था आठवें दरजे तक रही। जब मैं आठवें दरजे में था, उसी समय स्वामी श्री सोमदेव जी सरस्वती आर्य समाज, शाहजहाँपुर में पधारे। उनके व्याख्यानों का जनता पर बड़ा अच्छा प्रभाव हुआ। कुछ सज्जनों के अनुरोध पर स्वामीजी कुछ दिनों के लिए शाहजहाँपुर आर्य समाज मन्दिर में ठहर गए। स्वामीजी की तबीयत भी कुछ खराब थी, इस कारण शाहजहाँपुर की जलवायु लाभदायक देखकर वहाँ ठहरे थे। मैं उनके पास जाया-आया करता था। प्राणपण से मैंने स्वामीजी महाराज की सेवा की और इसी सेवा के परिणामस्वरूप मेरे जीवन में नवीन परिवर्तन हो गए। मैं रात को दो-तीन बजे तक और दिन भर उनकी सेवा-शुश्रूषा में उपस्थित रहता। अनेक प्रकार की औषधियों का प्रयोग किया। कतिपय सज्जनों ने बड़ी सहानुभूति दिखलाई, किन्तु रोग का शमन न हो सका। स्वामीजी मुझे अनेक प्रकार के उपदेश दिया करते थे। उन उपदेशों को मैं श्रवण कर कार्य रूप में परिणत करने का पूरा प्रयत्न करता। वास्तव में वे मेरे गुरुदेव तथा पथ-प्रदर्शक थे। उनकी शिक्षाओं ने ही मेरे जीवन में आत्मिक बल

का संचार किया, जिनके सम्बन्ध में मैं पृथक् वर्णन करूँगा।

कुछ नवयुवकों ने मिलकर आर्य समाज मन्दिर में आर्य कुमार-सभा खोली थी, जिसके साप्ताहिक अधिवेशन प्रत्येक शुक्रवार को हुआ करते थे। वहीं पर धार्मिक पुस्तकों का पठन, विषय विशेष पर निबन्ध लेखन और पठन तथा वाद-विवाद होता था। कुमार-सभा से ही मैंने जनता के सम्मुख बोलने का अभ्यास किया। बहुधा कुमार-सभा के नवयुवक मिलकर शहर के मेलों में प्रचारार्थ जाया करते थे। बाजारों में व्याख्यान देकर आर्य-समाज के सिद्धान्तों का प्रचार करते थे। ऐसा करते-करते मुसलमानों से मुबाहसा होने लगा। अतएव पुलिस ने झगड़े का भय देखकर बाजारों में व्याख्यान देना बन्द करा दिया। आर्य समाज के सदस्यों ने कुमार-सभा के प्रयत्न को देखकर उस पर अपना शासन जमाना चाहा, किन्तु कुमार किसी का अनुचित शासन कब माननेवाले थे। आर्य समाज के मन्दिर में ताला डाल दिया गया कि कुमार सभा वाले आर्य समाज मन्दिर में अधिवेशन न करें। यह भी कहा गया कि यदि वे वहाँ अधिवेशन करेंगे, तो पुलिस को बुलाकर उन्हें मन्दिर से निकलवा दिया जाएगा। कई महीनों तक हम लोग मैदान में अपनी सभा के अधिवेशन करते रहे, किन्तु बालक ही तो थे, कब तक इस प्रकार कार्य चला सकते थे? कुमार-सभा टूट गई। तब आर्य समाजियों को शान्ति हुई। कुमार-सभा ने अपने शहर में तो नाम पाया ही था। जब लखनऊ में कांग्रेस हुई तो भारतवर्षीय कुमार सम्मेलन का भी वार्षिक अधिवेशन वहाँ हुआ। उस अवसर पर सबसे अधिक पारितोषक लाहौर और शाहजहाँपुर की कुमार-

सभाओं ने पाए थे, जिनकी प्रशंसा समाचार-पत्रों में प्रकाशित हुई थी। उन्हीं दिनों मिशन स्कूल के एक विद्यार्थी से मेरा परिचय हुआ। वे कभी-कभी कुमार-सभा में आ जाया करते थे। मेरे भाषण का उन पर अधिक प्रभाव हुआ। वैसे तो वह मेरे मकान के निकट ही रहते थे, किन्तु आपस में कोई मेल न था। बैठने-उठने से आपस में प्रेम बढ़ गया। वे एक ग्राम के निवासी थे। जिस ग्राम में उनका घर था, वह ग्राम बड़ा प्रसिद्ध है। वहाँ का प्रत्येक निवासी अपने घर में बिना लाइसेंस अस्त्र-शस्त्र रखता है। बहुत से लोगों के यहाँ बन्दूक तथा तमंचे भी रहते हैं, जो ग्राम में ही बन जाते हैं। ये सब टोपीदार होते हैं। उन महाशय के पास भी एक नाली का छोटा सा पिस्तौल था, जिसे वह अपने साथ शहर में रखते थे। मुझसे अधिक प्रेम बढ़ा उन्होंने वह पिस्तौल मुझे रखने के लिए दिया। इस प्रकार के हथियार रखने की मेरी उत्कट इच्छा थी, क्योंकि मेरे पिता के कई शत्रु थे, जिन्होंने पिताजी पर अकारण ही लाठियों का प्रहार किया था। मैं चाहता था कि यदि पिस्तौल मिल जाए तो मैं पिताजी के शत्रुओं को मार डालूँ। यह एक नाली का पिस्तौल वह महाशय अपने पास रखते तो थे, किन्तु उसको चलाकर न देखा था। मैंने उसे चलाकर देखा तो वह नितान्त बेकार सिद्ध हुआ। मैंने उसे ले जाकर एक कोने में डाल दिया। उन महाशय से स्नेह इतना बढ़ गया कि सायंकाल को मैं अपने घर से खीर की थाली ले जाकर उनके साथ-साथ उनके मकान पर ही भोजन किया करता था। वह मेरे साथ श्री स्वामी सोमदेव जी के पास भी जाया करते थे। उनके पिता जब शहर आए तो उनको यह बड़ा बुरा मालूम हुआ। उन्होंने

मुझसे अपने लड़के के पास आने या उसे कहीं साथ ले जाने के लिए बहुत ताड़ना की और कहा कि यदि मैं उनका कहना न मानूँगा तो वह ग्राम से आदमी लाकर मुझे पिटवाएँगे। मैंने उनके पास जाना-आना त्याग दिया, किन्तु वह महाशय मेरे यहाँ आते-जाते रहे।

लगभग अठारह वर्ष की उम्र तक मैं रेल पर न चढ़ा था। मैं इतना दृढ़ सत्यवक्ता हो गया था कि एक समय रेल पर चढ़कर तीसरे दरजे का टिकट खरीदा था, पर इंटर क्लास में बैठकर दूसरों के साथ-साथ चला गया। इस बात से मुझे बड़ा खेद हुआ। मैंने अपने साथियों से अनुरोध किया कि यह तो एक प्रकार की चोरी है। सबको मिलकर इंटर क्लास का भाड़ा स्टेशन मास्टर को दे देना चाहिए। एक समय मेरे पिताजी दीवानी में किसी पर दावा करके वकील से कह गए थे कि जो काम हो वह मुझसे करा लें। कुछ आवश्यकता पड़ने पर वकील साहब ने मुझे बुला भेजा और कहा कि मैं पिताजी के हस्ताक्षर वकालतनामे पर कर दूँ। मैंने तुरन्त उत्तर दिया कि यह तो धर्म के विरुद्ध होगा, इस प्रकार का पाप मैं कदापि नहीं कर सकता। वकील साहब ने बहुत-कुछ समझाया कि एक सौ रुपये से अधिक का दावा है, मुकदमा खारिज हो जाएगा, किन्तु मुझ पर कुछ भी प्रभाव न हुआ, न मैंने हस्ताक्षर किये। अपने जीवन में सर्वप्रकारेण सत्य का आचरण करता था, चाहे कुछ हो जाए, सत्य बात कह देता था।

मेरी माता मेरे धर्म-कार्य में तथा शिक्षादि में बड़ी सहायता करती थीं। वे प्रातःकाल चार बजे ही मुझे जगा दिया करती थीं। मैं नित्य प्रति नियमपूर्वक हवन किया करता था। मेरी छोटी बहन का

विवाह करने के निमित्त माताजी और पिताजी ग्वालियर गए। मैं और श्री दादीजी शाहजहाँपुर में ही रह गए, क्योंकि मेरी वार्षिक परीक्षा थी। परीक्षा समाप्त करके मैं भी बहन के विवाह में सम्मिलित होने को गया। बारात आ चुकी थी। मुझे ग्राम के बाहर ही मालूम हो गया कि बारात में वेश्या आई है। मैं घर न गया और न बारात में सम्मिलित हुआ। मैंने विवाह में कोई भी भाग न लिया। मैंने माताजी से थोड़े रुपये माँगे। माताजी ने मुझे लगभग 125 रुपये दिये, जिनको लेकर मैं ग्वालियर गया। यह अवसर रिवॉल्वर खरीदने का अच्छा हाथ लगा। मैंने सुन रखा था कि रियासत में बड़ी आसानी से हथियार मिल जाते हैं। बड़ी खोज की। टोपीदार बन्दूक तथा पिस्तौल तो मिलते थे, किन्तु कारतूसी हथियारों का कहीं पता नहीं लगा। पता लगा भी तो एक महाशय ने मुझे ठग लिया और 75 रुपये में टोपीदार पाँच फायर करनेवाला एक रिवॉल्वर दिया। रियासत की बनी हुई बारूद और थोड़ी सी टोपियाँ दे दीं। मैं इसी को लेकर बड़ा प्रसन्न हुआ। सीधा शाहजहाँपुर पहुँचा। रिवॉल्वर को भरकर चलाया तो गोली केवल पन्द्रह या बीस गज पर ही गिरी, क्योंकि बारूद अच्छी न थी। मुझे बड़ा खेद हुआ। माताजी भी जब लौटकर शाहजहाँपुर आईं तो उन्होंने मुझसे पूछा कि क्या लाए? मैंने कुछ कहकर टाल दिया। रुपये सब खर्च हो गए। शायद एक गिन्नी बची थी, सो मैंने माताजी को लौटा दी। मुझे जब किसी बात के लिए धन की आवश्यकता होती तो मैं माताजी से कहता और वे मेरी माँग पूरी कर देती थीं। मेरा स्कूल घर से एक मील दूर था। मैंने माताजी से प्रार्थना की कि मुझे साइकिल ले दें। उन्होंने लगभग एक सौ रुपये

दिये। मैंने साइकिल खरीद ली। उस समय मैं अँगरेजी के नवें दरजे में आ गया था। किसी धार्मिक या देश सम्बन्धी पुस्तक पढ़ने की इच्छा होती तो माताजी से ही दाम ले जाता। लखनऊ कांग्रेस जाने के लिए मेरी बड़ी इच्छा थी। दादीजी और पिताजी तो बहुत विरोध करते रहे, किन्तु माताजी ने मुझे खर्च दे ही दिया। उसी समय शाहजहाँपुर में सेवा समिति का आरम्भ हुआ था। मैं बड़े उत्साह के साथ सेवा समिति में सहयोग देता था। पिताजी और दादीजी को मेरे इस प्रकार के कार्य अच्छे न लगते थे, किन्तु माताजी मेरा उत्साह भंग न होने देती थीं, जिसके कारण उन्हें बहुधा पिताजी की डाँट-फटकार तथा दंड भी सहन करना पड़ता था। वास्तव में, मेरी माताजी स्वर्गीय देवी हैं। मुझमें जो कुछ जीवन तथा साहस आया, वह मेरी माताजी तथा गुरुदेव श्री सोमदेव जी की कृपाओं का ही परिणाम हैं। दादीजी और पिताजी मेरे विवाह के लिए बहुत अनुरोध करते, किन्तु माताजी यही कहतीं कि शिक्षा पा चुकने के बाद ही विवाह करना उचित होगा। माताजी के प्रोत्साहन तथा सद्व्यवहार ने मेरे जीवन में वह दृढ़ता उत्पन्न की कि किसी आपत्ति तथा संकट के आने पर भी मैंने अपने संकल्प को न त्यागा।

मेरी माँ

ग्यारह वर्ष की उम्र में माताजी विवाह कर शाहजहाँपुर आई थीं। उस समय वे नितान्त अशिक्षित एक ग्रामीण कन्या के सदृश थीं।

शाहजहाँपुर आने के थोड़े दिनों बाद श्री दादीजी ने अपनी छोटी बहन को बुला लिया। उन्होंने माताजी को गृह-कार्य की शिक्षा दी। थोड़े दिनों में माताजी ने घर के सब काम-काज को समझ लिया और भोजनादि का ठीक-ठीक प्रबन्ध करने लगीं। मेरा जन्म होने के पाँच या सात वर्ष बाद उन्होंने हिन्दी पढ़ना आरम्भ किया। पढ़ने का शौक उन्हें खुद ही पैदा हुआ था। मुहल्ले की सखी-सहेली जो घर पर आया करती थीं, उन्हीं में जो कोई शिक्षित थीं, माताजी उनसे अक्षर-बोध करतीं। इस प्रकार घर का सब काम कर चुकने के बाद जो कुछ समय मिल जाता, उसमें पढ़ना-लिखना करतीं। परिश्रम के फल से थोड़े दिनों में ही वे देवनागरी पुस्तकों का अवलोकन करने लगीं। मेरी बहनों को छोटी आयु में माताजी ही उन्हें शिक्षा दिया करती थीं। जब से मैंने आर्य समाज में प्रवेश किया, तब से माताजी से खूब वार्तालाप होता। उस समय की अपेक्षा अब उनके विचार भी कुछ उदार हो गए हैं। यदि मुझे ऐसी माता न मिलतीं, तो मैं भी अति साधारण मनुष्यों की भाँति संसार-चक्र में फँसकर जीवन निर्वाह करता। शिक्षादि के अतिरिक्त क्रान्तिकारी जीवन में भी उन्होंने मेरी वैसी ही सहायता की है, जैसी मैजिनी की उनकी माता ने की थी। यथासमय मैं उन सारी बातों का उल्लेख करूँगा। माताजी का सबसे बड़ा आदेश मेरे लिए यही था, किसी की प्राण-हानि न हो। उनका कहना था कि अपने शत्रु को भी कभी प्राणदंड न देना। उनके इस आदेश की पूर्ति करने के लिए मुझे मजबूरन दो-एक बार अपनी प्रतिज्ञा भंग भी करनी पड़ी थी।

जन्मदात्री जननी! इस जीवन में तो तुम्हारा ऋण-परिशोध

का प्रयत्न करने का भी अवसर न मिला। इस जन्म में तो क्या यदि अनेक जन्मों में भी सारे जीवन प्रयत्न करूँ तो भी तुमसे उऋण नहीं हो सकता। जिस प्रेम तथा दृढ़ता के साथ तुमने इस तुच्छ जीवन का सुधार किया है, वह अवर्णनीय है। मुझे जीवन की प्रत्येक घटना का स्मरण है कि तुमने किस प्रकार अपनी देव वाणी का उपदेश करके मेरा सुधार किया है। तुम्हारी दया से ही मैं देश-सेवा में संलग्न हो सका। धार्मिक जीवन में भी तुम्हारे ही प्रोत्साहन ने सहायता दी। जो कुछ शिक्षा मैंने ग्रहण की, उसका भी श्रेय तुम्हीं को है। जिस मनोहर रूप से तुम मुझे उपदेश करती थीं, उसका स्मरण कर तुम्हारी मंगलमयी मूर्ति का ध्यान आता है और मस्तक नत हो जाता है। तुम्हें यदि मुझे ताड़ना भी देनी हुई, तो बड़े स्नेह से हर बात को समझा दिया। यदि मैंने धृष्टतापूर्ण उत्तर दिया तब तुमने प्रेम भरे शब्दों में यही कहा कि तुम्हें जो अच्छा लगे, वह करो, किन्तु ऐसा करना ठीक नहीं, इसका परिणाम अच्छा न होगा। जीवनदात्री! तुमने इस शरीर को जन्म देकर केवल पालन-पोषण ही नहीं किया, बल्कि आत्मिक, धार्मिक तथा सामाजिक उन्नति में तुम्हीं मेरी सदैव सहायक रहीं। जन्म-जन्मातर परमात्मा ऐसी ही माता दें।

महान-से-महान संकट में भी तुमने मुझे अधीर नहीं होने दिया। सदैव अपनी प्रेम भरी वाणी को सुनाते हुए मुझे सांत्वना देती रहीं। तुम्हारी दया की छाया में मैंने अपने जीवन भर में कोई कष्ट अनुभव न किया। इस संसार में मेरी किसी भी भोग-विलास तथा ऐश्वर्य की इच्छा नहीं। केवल एक तृष्णा है, वह यह कि एक बार श्रद्धापूर्वक तुम्हारे चरणों की सेवा करके अपने जीवन को सफल

बना लेता। किन्तु यह इच्छा पूर्ण होती नहीं दिखाई देती और तुम्हें मेरी मृत्यु का दुख-संवाद सुनाया जाएगा। माँ, मुझे विश्वास है कि तुम यह समझकर धैर्य धारण करोगी कि तुम्हारा पुत्र माताओं की माता—भारत माता की सेवा में अपने जीवन को बलि-वेदी की भेंट कर गया और उसने तुम्हारी कुक्षि को कलंकित न किया, अपनी प्रतिज्ञा पर दृढ़ रहा। जब स्वाधीन भारत का इतिहास लिखा जाएगा, तो उसके किसी पृष्ठ पर उज्ज्वल अक्षरों में तुम्हारा भी नाम लिखा जाएगा। गुरु गोविन्द सिंह जी की धर्मपत्नी ने जब अपने पुत्रों की मृत्यु का संवाद सुना था, तो बहुत हर्षित हुई थीं और गुरु के नाम पर धर्म-रक्षार्थ अपने पुत्रों के बलिदान पर मिठाई बाँटी थी। जन्मदात्री! वर दो कि अन्तिम समय भी मेरा हृदय किसी प्रकार विचलित न हो और तुम्हारे चरण-कमलों को प्रणाम कर मैं परमात्मा का स्मरण करता हुआ शरीर त्याग करूँ।

मेरे गुरुदेव

माताजी के अतिरिक्त जो कुछ जीवन तथा शिक्षा मैंने प्राप्त की, वह पूज्यपाद श्री 108 स्वामी सोमदेव जी की कृपा का परिणाम है। आपका नाम श्रीयुत ब्रजलाल चोपड़ा था। पंजाब के लाहौर शहर में आपका जन्म हुआ था। आपका कुटुम्ब प्रसिद्ध था, क्योंकि आपके दादा महाराजा रणजीत सिंह के मंत्रियों में से एक थे। आपके जन्म के कुछ समय पश्चात आपकी माता का देहान्त हो गया था। आपकी

दादी ने ही आपका पालन-पोषण किया था। आप अपने पिता की अकेली सन्तान थे। जब आप बड़े हुए तो चाचियों ने दो-तीन बार आपको जहर देकर मार देने का प्रयत्न किया, ताकि उनके लड़कों को ही जायदाद का अधिकार मिल जाए। आपके चाचा आप पर बड़ा स्नेह रखते थे और शिक्षादि की ओर विशेष ध्यान देते थे। अपने चचेरे भाइयों के साथ-साथ आप भी अँगरेजी स्कूल में पढ़ते थे। जब आपने एंट्रेंस की परीक्षा दी तो परीक्षाफल प्रकाशित होने पर आप यूनिवर्सिटी में प्रथम आए और चाचा के लड़के फेल हो गए। घर में बड़ा शोक मनाया गया, दिखाने के लिए भोजन तक नहीं बना। आपकी प्रशंसा तो दूर, किसी ने उस दिन भोजन करने को भी न पूछा और बड़ी उपेक्षा की दृष्टि से देखा। आपका हृदय पहले से ही घायल था, इस घटना से आपके जीवन को और भी बड़ा आघात पहुँचा। चाचाजी के कहने-सुनने पर कॉलेज में नाम लिखा तो लिया, किन्तु बड़े उदासीन रहने लगे। आपके हृदय में दया बहुत थी। बहुधा अपनी किताबें तथा कपड़े दूसरे सहपाठियों को बाँट दिया करते थे। नये कपड़े बाँटकर पुराने कपड़े स्वयं पहना करते थे। एक-दो बार चाचाजी से दूसरे लोगों ने कहा कि ब्रजलाल को कपड़े भी आप नहीं बनवा देते, जो वह पुराने फटे कपड़े पहने फिरते हैं। चाचाजी को बड़ा आश्चर्य हुआ क्योंकि उन्होंने कई जोड़े कपड़े थोड़े दिनों पहले ही बनवाए थे। आपके सन्दूकों की तलाशी ली गई। उनमें दो-चार जोड़ी पुराने कपड़े निकले, तब चाचाजी ने पूछा तो मालूम हुआ कि आप नये कपड़े निर्धन विद्यार्थियों को बाँट दिया करते हैं। चाचाजी ने कहा कि जब कपड़े बाँटने की इच्छा हो

कह दिया करो, हम विद्यार्थियों को कपड़े दिया करेंगे, अपने कपड़े न बाँटा करो। आप बहुधा निर्धन विद्यार्थियों को अपने घर पर ही भोजन कराया करते थे। चाचियों तथा चचाजात भाइयों के व्यवहार से आपको बड़ा क्लेश होता था, इसी कारण से आपने विवाह न किया। घरेलू दुर्व्यवहार से दुखित होकर आपने घर त्याग देने का निश्चय कर लिया और एक रात को जब सब सो रहे थे, चुपचाप उठकर घर से निकल गए। कुछ भी सामान साथ में न लिया। बहुत दिनों तक इधर-उधर भटकते रहे। भटकते-भटकते आप हरिद्वार पहुँचे। वहाँ एक सिद्ध योगी से भेंट हुई। श्री ब्रजलाल जी को जिस वस्तु की इच्छा थी, वह प्राप्त हो गई। उसी स्थान पर रहकर श्री ब्रजलाल जी ने योग-विद्या की पूर्ण शिक्षा पाई। योगीराज की कृपा से आप 18-20 घंटे की समाधि लगा लेने लगे। कई वर्ष तक आप वहाँ रहे। इस समय आपको योग का इतना अभ्यास हो गया था कि अपने शरीर को आप इतना हल्का कर लेते थे कि पानी पर पृथ्वी के समान चले जाते थे। अब आपको देश-भ्रमण तथा अध्ययन करने की इच्छा हुई। अनेक स्थानों में भ्रमण करते हुए अध्ययन करते रहे। जर्मनी तथा अमेरिका से बहुत-सी पुस्तकें मँगाईं, जो शास्त्रों के सम्बन्ध में थीं। जब लाला लाजपत राय को देश-निर्वासन का दंड मिला था, उस समय आप लाहौर में थे। वहाँ आपने एक समाचार-पत्र की सम्पादकी के लिए डिक्लेरेशन दाखिल किया। डिप्टी कमिश्नर उस समय किसी के भी समाचार-पत्र के डिक्लेरेशन को स्वीकार न करता था। जब आपसे भेंट हुई, तो वह बड़ा प्रभावित हुआ और उसने डिक्लेरेशन मंजूर कर लिया। अखबार का पहला ही अग्रलेख

'अँगरेजों को चेतावनी' के नाम से निकला। लेख इतना उत्तेजनापूर्ण था कि थोड़ी देर में ही समाचार-पत्र की सब प्रतियाँ बिक गईं और जनता के अनुरोध पर उसी अंक का दूसरा संस्करण प्रकाशित करना पड़ा। डिप्टी कमिश्नर के पास रिपोर्ट हुई। उसने आपको दर्शनार्थ बुलाया। वह बड़ा क्रुद्ध था। लेख को पढ़कर काँपता, और क्रोध में आकर मेज पर हाथ दे मारता था। किन्तु अन्तिम शब्दों को पढ़कर चुप हो जाता। उस लेख के कुछ शब्द यों थे कि 'यदि अँगरेज अब भी न समझेंगे तो वह दिन दूर नहीं कि सन् 1857 के दृश्य फिर दिखाई दें और अँगरेजों के बच्चों का कत्ल किया जाए, उनकी रमणियों की बेइज्जती हो' इत्यादि। किन्तु 'यह सब स्वप्न है', 'यह सब स्वप्न है' इन्हीं शब्दों को पढ़कर डिप्टी कमिश्नर कहता कि हम तुम्हारा कुछ नहीं कर सकते।

स्वामी सोमदेव भ्रमण करते हुए बम्बई पहुँचे। वहाँ पर आपके उपदेशों को सुनकर जनता पर बड़ा प्रभाव पड़ा। एक व्यक्ति, जो श्रीयुत अबुल कलाम आजाद के बड़े भाई थे, आपका व्याख्यान सुनकर मोहित हो गए। वह आपको अपने घर ले गए। इस समय तक आप गेरुआ कपड़ा न पहनते थे। केवल लुंगी और कुरता पहनते थे और साफा बाँधते थे। श्रीयुत अबुल कलाम आजाद के पूर्वज अरब के निवासी थे। आपके पिता के बम्बई में बहुत से मुरीद थे और कथा की तरह कुछ धार्मिक ग्रंथ पढ़ने पर हजारों रुपये चढ़ावे में आया करते थे। वह सज्जन इतने मोहित हो गए कि उन्होंने धार्मिक कथाओं का पाठ करने के लिए जाना ही छोड़ दिया। वह दिन-रात आपके पास बैठे रहते। जब आप उनसे कहीं जाने को कहते तो वह

रोने लगते और कहते कि मैं तो आपके आत्मिक ज्ञान के उपदेशों पर मोहित हूँ। मुझे संसार में किसी वस्तु की इच्छा नहीं। आपने एक दिन नाराज होकर उनको धीरे से चपत मार दी, जिससे वे दिन भर रोते रहे। उनके घरवालों तथा शिष्यों ने बहुत समझाया, किन्तु वह धार्मिक कथा कहने न जाते। यह देखकर उनके मुरीदों को बड़ा क्रोध आया कि हमारे धर्मगुरु एक काफिर के चक्कर में फँस गए हैं। एक संध्या को स्वामीजी अकेले समुद्र के तट पर भ्रमण करने गए थे कि कई मुरीद मकान पर बन्दूक लेकर स्वामीजी को मार डालने के लिए आए। यह समाचार जानकर उन्होंने स्वामीजी के प्राणों का भय देख स्वामीजी से बम्बई छोड़ देने की प्रार्थना की। प्रातःकाल एक स्टेशन पर स्वामीजी को तार मिला कि आपके प्रेमी श्रीयुत अबुल कलाम आजाद के भाई साहब ने आत्महत्या कर ली। तार पाकर आपको बड़ा क्लेश हुआ। जिस समय आपको इन बातों का स्मरण होता था तो बड़े दुखी होते थे। मैं एक संध्या के समय आपके निकट बैठा था, अँधेरा काफी हो गया था। स्वामीजी ने बड़ी गहरी साँस ली। मैंने चेहरे की ओर देखा तो आँखों से आँसू बह रहे थे। मुझे बड़ा आश्चर्य हुआ। मैंने कई घंटे प्रार्थना की, तब आपने उपरोक्त विवरण सुनाया।

अँगरेजी की योग्यता आपकी बड़ी उच्चकोटि की थी। आपका शास्त्र-विषयक ज्ञान बड़ा गम्भीर था। आप बड़े निर्भीक वक्ता थे। आपकी योग्यता को देखकर एक बार मद्रास की कांग्रेस कमेटी ने आपको अखिल भारतवर्षीय कांग्रेस का प्रतिनिधि चुनकर भेजा था। आगरा की आर्यमित्र सभा के वार्षिकोत्सव पर आपके व्याख्यानों

का श्रवण कर राजा महेंद्र प्रताप जी बड़े मुग्ध हुए थे। राजा साहब ने आपके पैर छुए और आपको अपनी कोठी पर लिवा ले गए। उस समय से राजा साहब बहुधा आपके उपदेश सुना करते और आपको अपना गुरु मानते थे। इतना साफ-निर्भीक बोलनेवाला मैंने आज तक नहीं देखा। सन् 1913 में मैंने पहला व्याख्यान शाहजहाँपुर में सुना था। आर्य समाज के वार्षिकोत्सव पर आप पधारे थे। उस समय आप बरेली में निवास करते थे। आपका शरीर बहुत कृश था क्योंकि आपको एक अजीब रोग हो गया था। आप जब शौच जाते थे, तब आपके खून गिरता था। कभी दो छटाँक, कभी चार छटाँक और कभी-कभी तो एक सेर तक खून गिर जाता था। बवासीर आपको नहीं थी। ऐसा कहते थे कि किसी प्रकार योग की क्रिया बिगड़ जाने से पेट की आँत में कुछ विकार उत्पन्न हो गया था। आँत सड़ गई। पेट चिरवाकर आँत कटवानी पड़ी और तभी से यह रोग हो गया था। बड़े-बड़े वैद्य-डॉक्टरों की औषधि की किन्तु कुछ लाभ न हुआ। इतने कमजोर होने पर भी जब व्याख्यान देते तब इतने जोर से बोलते थे कि तीन-चार फर्लांग से आपका व्याख्यान साफ सुनाई देता था। दो-तीन वर्ष तक आपको हर साल आर्य समाज के वार्षिकोत्सव पर बुलाया जाता। सन् 1915 में कतिपय सज्जनों की प्रार्थना पर आप आर्य-समाज मन्दिर, शाहजहाँपुर में ही निवास करने लगे। इसी समय से मैंने आपकी सेवा-शुश्रूषा में समय व्यतीत करना आरम्भ कर दिया।

स्वामीजी मुझे धार्मिक तथा राजनीतिक उपदेश देते थे और इस प्रकार की पुस्तकें पढ़ने का भी आदेश करते थे। राजनीति में

भी आपका ज्ञान उच्च कोटि का था। लाला हरदयाल से आपका बहुत परामर्श होता था। एक बार महात्मा मुंशीराम जी (स्वर्गीय स्वामी श्रद्धानन्द जी) को आपने पुलिस के प्रकोप से बचाया। आचार्य रामदेव जी तथा श्रीयुत कृष्ण जी से आपका बड़ा स्नेह था। राजनीति में आप मुझसे अधिक खुलते न थे। आप मुझसे बहुधा कहा करते थे कि एंट्रेंस पास कर लेने के बाद यूरोप यात्रा अवश्य करना। इटली जाकर महात्मा मैजिनी की जन्मभूमि के दर्शन अवश्य करना। सन् 1916 में लाहौर षड्यंत्र का मामला चला। मैं समाचार-पत्रों में उसका सब वृत्तान्त बड़े चाव से पढ़ा करता था। श्रीयुत भाई परमानन्द जी में मेरी बड़ी श्रद्धा थी, क्योंकि उनकी लिखी हुई 'तवारीख-ए-हिंद' पढ़कर मेरे हृदय पर बड़ा प्रभाव पड़ा था। लाहौर षड्यंत्र का फैसला अखबारों में छपा। भाई परमानन्द जी को फाँसी की सजा पढ़कर मेरे शरीर में आग लग गई। मैंने विचारा कि अँगरेज बड़े अत्याचारी हैं, इनके राज्य में न्याय नहीं, जो इतने बड़े महानुभाव को फाँसी की सजा का हुक्म दे दिया। मैंने प्रतिज्ञा की कि इसका बदला अवश्य लूँगा। जीवन-भर अँगरेजी राज्य को विध्वंस करने का प्रयत्न करता रहूँगा। इस प्रकार की प्रतिज्ञा कर चुकने के पश्चात मैं स्वामीजी के पास आया। सब समाचार सुनाए और अखबार दिया। अखबार पढ़कर स्वामीजी भी बड़े दुखित हुए। तब मैंने अपनी प्रतिज्ञा के सम्बन्ध में कहा। अखबार पढ़कर स्वामीजी कहने लगे कि प्रतिज्ञा करना सरल है, किन्तु उस पर दृढ़ रहना कठिन है। मैंने स्वामीजी को प्रणाम कर उत्तर दिया कि यदि श्रीचरणों की कृपा बनी रहेगी तो प्रतिज्ञा-पूर्ति

में किसी प्रकार की त्रुटि न करूँगा। उस दिन से स्वामीजी कुछ-कुछ खुले। आप बहुत सी बातें बताया करते थे। उसी दिन से मेरे क्रान्तिकारी जीवन का सूत्रपात हुआ। यद्यपि आप आर्य समाज के सिद्धान्तों को सर्वप्रकारेण मानते थे किन्तु परमहंस रामकृष्ण, स्वामी विवेकानन्द, स्वामी रामतीर्थ तथा महात्मा कबीरदास के उपदेशों का वर्णन प्राय: किया करते थे।

धार्मिक तथा आत्मिक जीवन में जो दृढ़ता मुझमें उत्पन्न हुई, वह स्वामीजी महाराज के सदुपदेशों का परिणाम है। आपकी दया से ही मैं ब्रह्मचर्य-पालन में सफल हुआ। आपने मेरे भविष्य-जीवन के सम्बन्ध में जो-जो बातें कही थीं, वे अक्षरश: सत्य हुईं। आप कहा करते थे कि दुख है कि यह शरीर न रहेगा और तेरे जीवन में बड़ी विचित्र-विचित्र समस्याएँ आएँगी, जिनको सुलझानेवाला कोई न मिलेगा। यदि यह शरीर नष्ट न हुआ, जो असम्भव है, तो तेरा जीवन भी संसार में एक आदर्श जीवन होगा। मेरा दुर्भाग्य था कि जब आपके अन्तिम दिन बहुत निकट आ गए, तब आपने मुझे योगाभ्यास सम्बन्धी कुछ क्रियाएँ बताने की इच्छा प्रकट की, किन्तु आप इतने दुर्बल हो गए थे कि जरा सा परिश्रम करने या दस-बीस कदम चलने पर ही आपको बेहोशी आ जाती थी। आप फिर कभी इस योग्य न हो सके कि कुछ देर बैठकर कुछ क्रियाएँ मुझे बता सकते। आपने कहा था, 'मेरा योग भ्रष्ट हो गया। प्रयत्न करूँगा, मरण समय पास रहना, मुझसे पूछ लेना कि मैं कहाँ जन्म लूँगा। सम्भव है कि मैं बता सकूँ।' नित्य-प्रति सेर-आध सेर खून गिर जाने पर भी आप कभी भी क्षुब्ध न होते थे। आपकी आवाज

भी कभी कमजोर न हुई। जैसे अद्वितीय आप वक्ता थे, वैसे ही आप लेखक भी थे। आपके कुछ लेख तथा पुस्तकें आपके एक भक्त के पास थीं, जो यों ही नष्ट हो गईं। कुछ लेख तथा पुस्तकें श्री स्वामी अनुभवानन्द जी साथ ले गए थे। कुछ लेख आपने प्रकाशित भी कराए थे। लगभग 48 वर्ष की उम्र में आपने इहलोक त्याग दिया। इस स्थान पर मैं महात्मा कबीरदास के कुछ अमृत वचनों का उल्लेख करता हूँ, जो मुझे बड़े प्रिय तथा शिक्षाप्रद मालूम हुए—

'कबिरा' शरीर सराय है भाड़ा देके बस।
जब भठियारी खुश रहै तब जीवन का रस॥
'कबिरा' क्षुधा है कूकरी करत भजन में भंग।
याको टुकरा डारि के सुमिरन करो निशंक॥
नींद निसानी मीच की उट्ठ 'कबिरा' जाग।
और रसायन त्याग के नाम रसायन चाख॥
चलना है रहना नहीं चलना बिस्वे बीस।
'कबिरा' ऐसे सुहाग पर कौन बँधावे सीस॥
अपने-अपने चोर को सब कोई डारे मारि।
मेरा चोर जो मोहिं मिलै सर्बस डारूँ वारि॥
कहे सुने की है नहीं देखा देखी बात।
दुलहा दुलहिन मिलि गए सूनी परी बारात॥
नैनन की करि कोठरी पुतरी पलंग बिछाय।
पलकन की चिक डारि के पीतम लेह रिझाय॥

प्रेम पियाला जो पिए सीस दच्छिना देय।
लोभी सीस न दै सके, नाम प्रेम का लेय॥
सीस उतारे भुँइ धरै, तापे राखै पाँव।
दास 'कबिरा' यूँ कहै ऐसा होय तो आव॥
निंदक नियरे राखिए आँगन कुटी छवाय।
बिन पानी साबुन बिना उज्ज्वल करे सुभाय॥

ब्रह्मचर्य व्रत का पालन

वर्तमान समय में इस देश की कुछ ऐसी दुर्दशा हो रही है कि जितने धनी तथा गण्यमान्य व्यक्ति हैं, उनमें 99 प्रतिशत ऐसे हैं जो अपनी सन्तानरूपी अमूल्य धनराशि को अपने नौकर तथा नौकरानियों के हाथ में सौंप देते हैं। उनकी जैसी इच्छा हो, वे उन्हें बनावें। मध्यम श्रेणी के व्यक्ति भी अपने व्यवसाय तथा नौकरी इत्यादि में फँसे रहने के कारण सन्तान की ओर अधिक ध्यान नहीं दे सकते। सस्ता कामचलाऊ नौकर या नौकरानी रखते हैं और उन्हीं पर बाल-बच्चों का भार सौंप देते हैं, ये नौकर बच्चों को नष्ट करते हैं। यदि कुछ भगवान की दया हो गई और बच्चे नौकर-नौकरानियों के हाथ से बच गए तो मुहल्ले की गन्दगी से बचना बड़ा कठिन है। रहे-सहे स्कूल में पहुँचकर पारंगत हो जाते हैं। कॉलेज में पहुँचते-पहुँचते ये लोग समाचार-पत्रों में दिये हुए औषधियों के विज्ञापन देख-देखकर दवाइयों को मँगा-मँगाकर धन नष्ट करना आरम्भ करते हैं।

95 प्रतिशत की आँखें खराब हो जाती हैं। कुछ को शारीरिक दुर्बलता तथा कुछ को फैशन के विचार से ऐनक लगाने की बुरी आदत पड़ जाती है। सौन्दर्योपासना तो उनकी रग-रग में कूट-कूटकर भर जाती है। शायद ही कोई विद्यार्थी ऐसा हो जिसकी प्रेमकथाएँ प्रचलित न हों। ऐसी अजीब-अजीब बातें सुनने में आती हैं कि जिनका उल्लेख करने से भी ग्लानि होती है। यदि कोई विद्यार्थी सच्चरित्र बनने का प्रयत्न भी करता है और स्कूल या कॉलेज जीवन में उसे कुछ अच्छी शिक्षा भी मिल जाती है, तो परिस्थितियाँ जिनमें उसे निर्वाह करना पड़ता है, उसे सुधरने नहीं देतीं। वे विचारते हैं कि थोड़ा सा इस जीवन का आनन्द ले लें, यदि कुछ खराबी पैदा हो गई तो दवाई खाकर या पौष्टिक पदार्थों का सेवन करके दूर कर लेंगे। यह उनकी बड़ी भारी भूल है। अँगरेजी की कहावत है—

'Only for once and for ever' तात्पर्य यह है कि यदि एक समय कोई बात पैदा हुई, मानो सदा के लिए रास्ता खुल गया। दवाइयाँ कोई लाभ नहीं पहुँचातीं। अंडों का जूस, मछली के तेल, मांस आदि पदार्थ भी व्यर्थ सिद्ध होते हैं। सबसे आवश्यक बात चरित्र सुधारना ही होती है। विद्यार्थियों तथा उनके अध्यापकों को उचित है कि वे देश की दुर्दशा पर दया करके अपने चरित्र को सुधारने का प्रयत्न करें। सार में ब्रह्मचर्य ही संसारी शक्तियों का मूल है। बिना ब्रह्मचर्य व्रत पालन किये मनुष्य जीवन नितान्त शुष्क तथा नीरस प्रतीत होता है। विद्या, बल तथा बुद्धि सब ब्रह्मचर्य के प्रताप से ही प्राप्त होते हैं। संसार में जितने बड़े आदमी हुए हैं, उनमें से अधिकतर ब्रह्मचर्य व्रत के प्रताप से ही बड़े बने और सैकड़ों-हजारों

वर्ष बाद भी उनका यशगान करके मनुष्य अपने-आप को कृतार्थ करते हैं। ब्रह्मचर्य की महिमा यदि जाननी हो तो परशुराम, राम, लक्ष्मण, कृष्ण, भीष्म, ईसा, मैजिनी, बन्दा, रामकृष्ण, दयानन्द तथा राममूर्ति की जीवनियों का अध्ययन करो।

जिन विद्यार्थियों को बाल्यावस्था में किसी कुटेव की बान पड़ जाती है, या जो बुरी संगत में पड़कर अपना आचरण बिगाड़ लेते हैं और फिर अच्छी शिक्षा पाने पर आचरण सुधारने का प्रयत्न करते हैं, परन्तु सफल नहीं होते, उन्हें भी निराश न होना चाहिए। मनुष्य जीवन अभ्यासों का एक समूह है। मनुष्य के मन में भिन्न-भिन्न प्रकार के अनेक विचार तथा भाव उत्पन्न होते रहते हैं। उनमें जो उसे रुचिकर होते हैं, वे प्रथम कार्य रूप में परिणत होते हैं। क्रिया के बार-बार होने से ऐच्छिक भाव निकल जाता है और उसमें तात्कालिक प्रेरणा उत्पन्न हो जाती है। इन तात्कालिक प्रेरक क्रियाओं को, जो पुनरावृत्ति का फल हैं 'अभ्यास' कहते हैं। मानवी चरित्र इन्हीं अभ्यासों द्वारा बनता है। अभ्यास से तात्पर्य आदत, स्वभाव, बान है। अभ्यास अच्छे और बुरे दोनों प्रकार के होते हैं। यदि हमारे मन में निरन्तर अच्छे विचार उत्पन्न हों, तो उनका फल अच्छे अभ्यास होंगे और यदि मन बुरे विचारों से लिप्त रहे, तो निश्चय रूपेण अभ्यास बुरे होंगे। मन इच्छाओं का केन्द्र है। उन्हीं की पूर्ति के लिए मनुष्य को प्रयत्न करना पड़ता है। अभ्यासों के बनने में पैतृक संस्कार, अर्थात माता-पिता के अभ्यासों के अनुसार अनुकरण ही बच्चों के अभ्यास का सहायक होता है। दूसरे, जैसी परिस्थितियों में निवास होता है वैसे ही अभ्यास भी पड़ते हैं। तीसरे,

प्रयत्न से अभ्यासों का निर्माण होता है। यह शक्ति इतनी प्रबल हो सकती है कि इसके द्वारा मनुष्य पैतृक संसार तथा परिस्थितियों को भी जीत सकता है। हमारे जीवन का प्रत्येक कार्य अभ्यासों के अधीन है। यदि अभ्यासों द्वारा हमें कार्य में सुगमता न प्रतीत होती, तो हमारा जीवन बड़ा दुखमय प्रतीत होता। लिखने का अभ्यास, वस्त्र पहनना, पठन-पाठन इत्यादि इसके प्रत्यक्ष उदाहरण हैं। यदि हमें प्रारम्भिक समय की भाँति सदैव सावधानी से काम लेना हो, तो कितनी कठिनता प्रतीत हो! इसी प्रकार बालक का खड़ा होना और चलना भी है कि उस समय वह कितना कष्ट अनुभव करता है, किन्तु एक मनुष्य मीलों तक चला जाता है। बहुत लोग तो चलते-चलते नींद भी ले लेते हैं। जैसे जेल में बाहरी दीवार पर घड़ी में चाबी लगानेवाले, जिन्हें बराबर छह घंटे चलना होता है, वे बहुधा चलते-चलते सो लिया करते हैं।

मानसिक भावों को शुद्ध रखते हुए अन्तःकरण को उच्च विचारों में बलपूर्वक संलग्न करने का अभ्यास करने से अवश्य सफलता मिलेगी। प्रत्येक विद्यार्थी या नवयुवक को, जो कि ब्रह्मचर्य व्रत के पालन की इच्छा रखता है, उचित है कि अपनी दिनचर्या निश्चित करे। खान-पानादि का विशेष ध्यान रखे। महात्माओं के जीवन चरित्र तथा चरित्र-गठन सम्बन्धी पुस्तकों का अवलोकन करे। प्रेमालाप तथा उपन्यासों में समय नष्ट न करे। खाली समय अकेला न बैठे। जिस समय कोई बुरे विचार उत्पन्न हों, तुरन्त शीतल जलपान कर घूमने लगे या किसी अपने से बड़े के पास जाकर बातचीत करने लगे। अश्लील (इश्क भरी) गजलों, शेरों तथा गानों को न पढ़े

और न सुने। स्त्रियों के दर्शन से बचता रहे। माता तथा बहन से भी एकान्त में न मिले। सुन्दर सहपाठियों या अन्य विद्यार्थियों से स्पर्श तथा आलिंगन की भी आदत न डाले।

विद्यार्थी प्रात:काल सूर्य उदय होने से एक घंटा पहले शैया त्यागकर शौचादि से निवृत्त हो व्यायाम करे या वायु सेवनार्थ बाहर मैदान में जावे। सूर्य उदय होने के पाँच-दस मिनट पूर्व स्नान से निवृत्त होकर यथा-विश्वास परमात्मा का ध्यान करे। सदैव कुएँ के ताजे जल से स्नान करे। यदि कुएँ का जल प्राप्त न हो तो जाड़ों में जल को थोड़ा सा गुनगुना कर ले और गर्मियों में शीतल जल से स्नान करे। स्नान करने के पश्चात एक खुरखुरे तौलिए या अँगोछे से शरीर खूब मले। उपासना के पश्चात थोड़ा सा जलपान करे। कोई फल, शुष्क मेवा, दुग्ध अथवा सबसे उत्तम यह है कि गेहूँ का दलिया रँधवाकर यथा-रुचि मीठा या नमक डालकर खावे। फिर अध्ययन करे और दस बजे से ग्यारह बजे के मध्य में भोजन कर ले। भोजन में मांस, मछली, चटपटे, खट्टे, गरिष्ठ, बासी तथा उत्तेजक पदार्थों का त्याग करे। प्याज, लहसुन, लाल मिर्च, आम की खटाई और अधिक मसालेदार भोजन कभी न खावे। सात्विक भोजन करे। शुष्क भोजन का भी त्याग करे। जहाँ तक हो सके सब्जी अर्थात साग अधिक खावे। भोजन खूब चबा-चबाकर किया करे। अधिक गरम या अधिक ठंडा भोजन भी वर्जित है। स्कूल अथवा कॉलेज से आकर थोड़ा सा आराम करके एक घंटा लिखने का काम करके खेलने के लिए जावे। मैदान में थोड़ा सा घूमे भी। घूमने के लिए चौक बाजार की गंदी हवा में जाना ठीक नहीं। स्वच्छ वायु का सेवन करे। संध्या

समय भी शौच अवश्य जावे। थोड़ा सा ध्यान करके हल्का सा भोजन कर ले। यदि हो सके तो रात्रि के समय केवल दुग्ध पीने का अभ्यास डाले या फल खा लिया करे। स्वप्न-दोषादिक व्याधियाँ केवल पेट के भारी होने से ही होती हैं। जिस दिन भोजन भली-भाँति नहीं पचता, उसी दिन विकार हो जाता है या मानसिक भावनाओं की अशुद्धता से निद्रा ठीक न आकर स्वप्नावस्था में वीर्यपात हो जाता है। रात्रि के समय साढ़े दस बजे तक पठन-पाठन कर पुनः सो जावे। सदैव खुली हवा में सोना चाहिए। बहुत मुलायम और चिकने बिस्तर पर न सोवे। जहाँ तक हो सके, लकड़ी के तख्त पर कम्बल या गाढ़े की चद्दर बिछाकर सोवे। अधिक पाठ न करना हो तो साढ़े नौ या दस बजे सो जावे। प्रात:काल साढ़े तीन या चार बजे उठकर कुल्ला करके शीतल जलपान करे और शौच से निवृत्त हो पठन-पाठन करे। फिर सूर्योदय के निकट नित्य की भाँति व्यायाम या भ्रमण करे। सब व्यायामों में दंड-बैठक सर्वोत्तम है। जहाँ जी चाहा, व्यायाम कर लिया। यदि हो सके तो प्रोफेसर राममूर्ति की विधि से दंड-बैठक करे। प्रोफेसर साहब की रीति विद्यार्थियों के लिए लाभदायक है। थोड़े समय में पर्याप्त परिश्रम हो जाता है। दंड-बैठक के अलावा शीर्षासन और पद्मासन का भी अभ्यास करना चाहिए और अपने कमरे में वीरों और महात्माओं के चित्र रखने चाहिए।

द्वितीय खंड

स्वदेश-प्रेम

पूज्यपाद श्रीस्वामी सोमदेव का देहान्त हो जाने के पश्चात जब मैं अँगरेजी के नवें दरजे में आया, कुछ स्वदेश सम्बन्धी पुस्तकों का अवलोकन आरम्भ हुआ। शाहजहाँपुर में सेवा समिति की नींव पं. श्रीराम वाजपेयी जी ने डाली, उसमें भी बड़े उत्साह से कार्य किया। दूसरों की सेवा का भाव हृदय में उदय हुआ। कुछ समझ में आने लगा कि वास्तव में देशवासी बड़े दुखी हैं। उसी वर्ष मेरे पड़ोसी तथा मित्र, जिनसे मेरा स्नेह अधिक था, एंट्रेंस की परीक्षा पास करके कॉलेज में शिक्षा पाने चले गए। कॉलेज की स्वतंत्र वायु में उनके हृदय में भी स्वदेश के भाव उत्पन्न हुए। उसी साल लखनऊ में अखिल भारतवर्षीय कांग्रेस का उत्सव हुआ। मैं भी उसमें सम्मिलित हुआ। कतिपय सज्जनों से भेंट हुई। देश-दशा का कुछ अनुमान हुआ, और निश्चय हुआ कि देश के लिए कोई विशेष कार्य किया जाए। देश में जो कुछ हो रहा है,

उसकी उत्तरदायी सरकार ही है। भारतवासियों के दुख तथा दुर्दशा की जिम्मेदारी गवर्नमेंट पर ही है, अतएव सरकार को पलटने का प्रयत्न करना चाहिए। मैंने भी इस प्रकार के विचारों में योग दिया। कांग्रेस में महात्मा तिलक के पधारने की खबर थी, इस कारण से गरम दल के अधिक व्यक्ति आए हुए थे। कांग्रेस के सभापति का स्वागत बड़ी धूमधाम से हुआ था। उसके दूसरे दिन लोकमान्य बाल गंगाधर तिलक की स्पेशल गाड़ी आने का समाचार मिला। लखनऊ स्टेशन पर बड़ा जमाव था। स्वागतकारिणी समिति के सदस्यों से मालूम हुआ कि लोकमान्य का स्वागत केवल स्टेशन पर ही किया जाएगा और शहर में सवारी न निकाली जाएगी। जिसका कारण यह था कि स्वागतकारिणी समिति के प्रधान पं. जगतनारायण जी थे। अन्य गण्यमान्य सदस्यों में पं. गोकरणनाथ जी तथा अन्य उदार दलवालों (मॉडरेटों) की संख्या अधिक थी। मॉडरेटों को भय था कि यदि लोकमान्य की सवारी शहर में निकाली गई तो कांग्रेस के प्रधान से भी अधिक सम्मान होगा, जिसे वे उचित न समझते थे। अतः उन सबने प्रबन्ध किया कि जैसे ही लोकमान्य तिलक पधारें, उन्हें मोटर में बिठाकर शहर के बाहर-बाहर निकाल ले जाएँ। इन सब बातों को सुनकर नवयुवकों को बड़ा खेद हुआ। कॉलेज के एक एम.ए. के विद्यार्थी ने इस प्रबन्ध का विरोध करते हुए कहा कि लोकमान्य का स्वागत अवश्य होना चाहिए। मैंने भी इस विद्यार्थी के कथन में सहयोग दिया। इसी प्रकार कई नवयुवकों ने निश्चय किया कि जैसे ही लोकमान्य स्पेशल से उतरें, उन्हें घेरकर गाड़ी में बिठा लिया जाए

और सवारी निकाली जाए। स्पेशल आने पर लोकमान्य सबसे पहले उतरे। स्वागतकारिणी के सदस्यों ने कांग्रेस के स्वयंसेवकों का घेरा बनाकर लोकमान्य को मोटर में जा बिठाया। मैं तथा एक एम. ए. का विद्यार्थी मोटर के आगे लेट गए। सब कुछ समझाया गया, मगर किसी की एक न सुनी। हम लोगों की देखा-देखी और कई नवयुवक भी मोटर के सामने आकर बैठ गए। उस समय मेरे उत्साह का यह हाल था कि मुँह से बात न निकलती थी, केवल रोता था और कहता था, 'मोटर मेरे ऊपर से निकाल ले जाओ।' स्वागतकारिणी के सदस्यों से कांग्रेस के प्रधान को ले जानेवाली गाड़ी माँगी, उन्होंने देना स्वीकार न किया। एक नवयुवक ने मोटर का टायर काट दिया। लोकमान्य जी बहुत कुछ समझाते किन्तु वहाँ सुनता कौन? एक किराए की गाड़ी से घोड़े खोलकर लोकमान्य के पैरों पर सिर रख उन्हें उसमें बिठाया और सबने मिलकर हाथों से गाड़ी खींचनी शुरू की। इस प्रकार लोकमान्य का इस धूमधाम से स्वागत हुआ कि किसी नेता की उतने जोरों से सवारी न निकाली गई। लोगों के उत्साह का यह हाल था कि कहते थे कि एक बार गाड़ी में हाथ लगा लेने दो, जीवन सफल हो जाए। लोकमान्य पर फूलों की जो वर्षा की जाती थी, उसमें से जो फूल नीचे गिर जाते थे, उन्हें उठाकर लोग पल्ले में बाँध लेते थे। जिस स्थान पर लोकमान्य के पैर पड़ते, वहाँ की धूल सबके माथों पर दिखाई देती। कुछ उस धूल को भी अपने रूमाल में बाँध लेते थे। इस स्वागत से मॉडरेटों की बड़ी भद्द हुई।

क्रान्तिकारी आन्दोलन

कांग्रेस के अवसर पर लखनऊ में ही मालूम हुआ कि एक गुप्त समिति है, जिसका मुख्य उद्देश्य क्रान्तिकारी आन्दोलन में भाग लेना है। यहीं से क्रान्तिकारी समिति की चर्चा सुनकर कुछ समय बाद मैं भी क्रान्तिकारी समिति के कार्य में योग देने लगा। अपने एक मित्र द्वारा क्रान्तिकारी समिति का सदस्य हो गया। थोड़े ही दिन में मैं कार्यकारिणी का सदस्य बना लिया गया। समिति में धन की बहुत कमी थी, उधर हथियारों की भी जरूरत थी। जब घर वापस आया, तब विचार हुआ कि एक पुस्तक प्रकाशित की जाए और उसमें जो लाभ हो, उससे हथियार खरीदे जाएँ। पुस्तक प्रकाशित कराने के लिए धन कहाँ से आए? विचार करते-करते मुझे एक चाल सूझी। मैंने अपनी माताजी से कहा कि मैं कुछ रोजगार करना चाहता हूँ, उसमें अच्छा लाभ होगा। यदि रुपये दे सकें तो बड़ा अच्छा हो। उन्होंने 200 रुपये दिये। 'अमेरिका को स्वाधीनता कैसे मिली' नामक पुस्तक लिखी जा चुकी थी। प्रकाशित होने का प्रबन्ध हो गया। थोड़े रुपये की जरूरत और पड़ी, मैंने माताजी से 200 रुपये और लिये। पुस्तक की बिक्री हो जाने पर माताजी के रुपये पहले चुका दिये। लगभग 200 रुपये और भी बचे। पुस्तकें अभी बिकने के लिए बहुत बाकी थीं। उसी समय 'देशवासियों के नाम सन्देश' नामक एक परचा छपवाया गया, क्योंकि पं. गेंदालाल जी, ब्रह्मचारी जी दल सहित ग्वालियर में गिरफ्तार हो गए थे। अब सब विद्यार्थियों ने अधिक उत्साह के साथ काम करने की प्रतिज्ञा की। परचे कई जिलों में

लगाए गए और बाँटे गए। परचे तथा 'अमेरिका को स्वाधीनता कैसे मिली' पुस्तक दोनों संयुक्त प्रान्त की सरकार ने जब्त कर लिये।

हथियारों की खरीद

अधिकतर लोगों का विचार है कि देशी राज्यों में हथियार (रिवॉल्वर, पिस्तौल तथा राइफलें इत्यादि) सब कोई रखता है, और बन्दूक इत्यादि पर लाइसेंस नहीं होता। अतएव इस प्रकार के अस्त्र बड़ी सुगमता से प्राप्त हो सकते हैं। देशी राज्यों में हथियारों पर कोई लाइसेंस नहीं, यह बात बिलकुल ठीक है, और हर एक को बन्दूक इत्यादि रखने की आजादी भी है। किन्तु कारतूसी हथियार बहुत कम लोगों के पास रहते हैं, जिसका कारण यह है कि कारतूस या विलायती बारूद खरीदने पर पुलिस में सूचना देनी होती है। राज्य में तो कोई ऐसी दुकान नहीं होती, जिस पर कारतूस या कारतूसी हथियार मिल सकें। यहाँ तक कि विलायती बारूद और बन्दूक की टोपी भी नहीं मिलती, क्योंकि ये सब चीजें बाहर से मँगानी पड़ती हैं। जितनी चीजें इस प्रकार की बाहर से मँगाई जाती हैं, उनके लिए रेजिडेंट (गवर्नमेंट का प्रतिनिधि, जो रियासतों में रहता है) की आज्ञा लेनी पड़ती है। बिना रेजिडेंट की मंजूरी के हथियारों सम्बन्धी कोई चीज बाहर से रियासत में नहीं आ सकती। इस कारण इस खटपट से बचने के लिए रियासत में ही टोपीदार बन्दूकें बनती हैं, और देशी बारूद भी वहीं के लोग शोरा, गंधक तथा कोयला

मिलाकर बना लेते हैं। बन्दूक की टोपी चुरा-छिपाकर मँगा लेते हैं। नहीं तो टोपी के स्थान पर भी मनसल और पुटाश अलग-अलग पीसकर दोनों को मिलाकर उसी से काम चलाते हैं। हथियार रखने की आजादी होने पर भी ग्रामों में किसी एक-दो धनी या जमींदार के यहाँ टोपीदार बन्दूक या टोपीदार छोटे पिस्तौल होते हैं, जिनमें ये लोग रियासत की बनी हुई बारूद काम में लाते हैं। यह बारूद बरसात में सील खा जाती हैं और काम नहीं देती। एक बार मैं अकेला रिवॉल्वर खरीदने गया। उस समय समझता था कि हथियारों की दुकान होगी, सीधे जाकर दाम देंगे और रिवॉल्वर लेकर चले आएँगे। प्रत्येक दुकान देखी, कहीं किसी पर बन्दूक इत्यादि का विज्ञापन या कोई दूसरा निशान न पाया। फिर एक ताँगे पर सवार होकर सब शहर घूमा। ताँगेवाले ने पूछा कि क्या चाहिए? मैंने उससे डरते-डरते अपना उद्देश्य कहा। उसी ने दो-तीन दिन घूम-फिरकर एक टोपीदार रिवॉल्वर खरीदवा दिया और देशी बनी हुई बारूद एक दुकान से दिला दी। मैं कुछ जानता तो था नहीं, एकदम दो सेर बारूद खरीदी, जो घर पर सन्दूक में रखे-रखे बरसात में सील खाकर पानी हो गई। मुझे बड़ा दुख हुआ। दूसरी बार जब मैं क्रान्तिकारी समिति का सदस्य हो चुका था, तब दूसरे सहयोगियों की सम्मति से दो सौ रुपये लेकर हथियार खरीदने गया। इस बार मैंने बहुत प्रयत्न किया तो एक कबाड़ी की सी दुकान पर कुछ तलवारें, खंजर, कटार तथा दो-चार टोपीदार बन्दूकें देखीं। मैंने बड़ा साहस करके उससे पूछा कि क्या आप ये चीजें बेचते हैं, उसने जब हाँ में उत्तर दिया तो मैंने दो-चार चीजें देखीं। दाम पूछे। इसी

प्रकार वार्तालाप करके पूछा कि क्या आप कारतूसी हथियार नहीं बेचते या और कहीं नहीं बिकते? तब उसने सब विवरण सुनाया। उस समय उसके पास टोपीदार एक नली के छोटे-छोटे दो पिस्तौल थे। मैंने वे दोनों खरीद लिये। एक कटार भी खरीदी। उसने वादा किया कि यदि आप फिर आएँ तो कुछ कारतूसी हथियार जुटाने का प्रयत्न किया जाए। लालच बुरी बला है, इस कहावत के अनुसार तथा इसलिए भी कि हम लोगों को कोई दूसरा ऐसा जरिया भी न था, जहाँ से हथियार मिल सकते, मैं कुछ दिनों बाद फिर गया। इस समय उसी ने एक बड़ा सुन्दर कारतूसी रिवॉल्वर दिया। कुछ पुराने कारतूस दिये। रिवॉल्वर था तो पुराना, किन्तु बड़ा ही उत्तम था। दाम उसके नये के बराबर देने पड़े। अब उसे विश्वास हो गया कि ये हथियारों के खरीददार हैं। उसने प्राणपण से चेष्टा की और कई रिवॉल्वर तथा दो-तीन राइफलें जुटाईं। उसे भी अच्छा लाभ हो जाता था। प्रत्येक वस्तु पर वह बीस-तीस रुपये मुनाफा ले लेता था। बाज-बाज चीज पर दूना नफा खा लेता था। इसके बाद हमारी संस्था के दो-तीन सदस्य मिलकर गए। दुकानदार ने भी हमारी उत्कट इच्छा को देखकर इधर-उधर से पुराने हथियारों को खरीद करके उनकी मरम्मत की, और नया सा करके हमारे हाथ बेचना शुरू किया। खूब ठगा। हम लोग कुछ जानते नहीं थे। इस प्रकार अभ्यास करने से कुछ नया-पुराना समझने लगे। एक दूसरे सिकलीगर से भेंट हुई। वह स्वयं कुछ नहीं जानता था, किन्तु उसने वचन दिया कि वह कुछ रईसों से हमारी भेंट करा देगा। उसने एक रईस से मुलाकात कराई, जिसके पास एक रिवॉल्वर

था। रिवॉल्वर खरीदने की हमने इच्छा प्रकट की। उन महाशय ने उस रिवॉल्वर के डेढ़ सौ रुपये माँगे। रिवॉल्वर नया था। बड़े कहने-सुनने पर सौ कारतूस उन्होंने दिये और 155 रुपये लिये। 150 रुपये उन्होंने लिये, 5 रुपये सिकलीगर को कमीशन के तौर पर देने पड़े। रिवॉल्वर चमकता हुआ नया था, समझे अधिक दामों का होगा। खरीद लिया। विचार हुआ कि इस प्रकार ठगे जाने से काम न चलेगा। किसी प्रकार कुछ जानने का प्रयत्न किया जाए। बड़ी कोशिश के बाद कलकत्ता, बम्बई से बन्दूक-विक्रेताओं की लिस्टें मँगाकर देखीं, देखकर आँखें खुल गईं। जितने रिवॉल्वर या बन्दूकें हमने खरीदी थीं, एक को छोड़ सबके दुगुने दाम दिये थे। 155 रुपये के रिवॉल्वर के दाम केवल 30 रुपये ही थे और 10 रुपये के सौ कारतूस, इस प्रकार कुल सामान 40 रुपये का था, जिसके बदले 155 रुपये देने पड़े। बड़ा खेद हुआ। करें तो क्या करें! और कोई दूसरा जरिया भी तो न था।

कुछ समय पश्चात कारखानों की लिस्टें लेकर तीन-चार सदस्य मिलकर गए। खूब जाँच-खोज की। किसी प्रकार रियासत की पुलिस को पता चल गया। एक खुफिया पुलिसवाला मुझे मिला, उसने कई हथियार दिलाने का वादा किया, और वह मुझे पुलिस इंस्पेक्टर के घर ले गए। दैवात उस समय पुलिस इंस्पेक्टर घर पर मौजूद न थे। उनके द्वार पर एक पुलिस का सिपाही बैठा था, जिसे मैं भली-भाँति जानता था। मुहल्ले में खुफिया पुलिसवाले की आँख बचाकर पूछा कि अमुक घर किसका है? मालूम हुआ पुलिस इंस्पेक्टर का। मैं इतस्ततः करके जैसे-तैसे निकल आया और अति

शीघ्र अपने ठहरने का स्थान बदला। उस समय हम लोगों के पास दो राइफलें, चार रिवॉल्वर तथा दो पिस्तौल खरीदे हुए मौजूद थे। किसी प्रकार उस खुफिया पुलिसवाले को एक कारीगर से, जहाँ पर कि हम लोग अपने हथियारों की मरम्मत कराते थे, मालूम हुआ कि हममें से एक व्यक्ति उसी दिन जानेवाला था, उसने चारों ओर स्टेशन पर तार दिलवाए। रेलगाड़ियों की तलाशी ली गई। पर पुलिस की असावधानी के कारण हम बाल-बाल बच गए।

रुपये की चपत बुरी होती है। एक पुलिस सुपरिंटेंडेंट के पास एक राइफल थी। मालूम हुआ वे बेचते हैं। हम लोग पहुँचे। अपने आपको रियासत का रहने वाला बतलाया। उन्होंने निश्चय करने के लिए बहुत से प्रश्न पूछे, क्योंकि हम लोग लड़के तो थे ही। पुलिस सुपरिंटेंडेंट पेंशनयाफ्ता जाति के मुसलमान थे। हमारी बातों पर उन्हें पूर्ण विश्वास न हुआ। कहा कि अपने थानेदार से लिखा लाओ कि वह तुम्हें जानता है। मैं गया। जिस स्थान का रहनेवाला बताया था, वहाँ थानेदार का नाम मालूम किया, और एक-दो जमींदारों के नाम मालूम करके एक पत्र लिखा कि मैं उस स्थान के रहनेवाले अमुक जमींदार का पुत्र हूँ और वे लोग मुझे भली-भाँति जानते हैं। उसी पत्र पर जमींदार के हिन्दी में और पुलिस के दारोगा के अँगरेजी में हस्ताक्षर बना, पत्र ले जाकर पुलिस कप्तान साहब को दे दिया। बड़े गौर से देखने के बाद वे बोले, 'मैं थाने में दरयाफ्त कर लूँ। तुम्हें भी थाने में चलकर इत्तला देनी होगी कि राइफल खरीद रहे हैं।' हम लोगों ने कहा कि हमने आपके इत्मीनान के लिए इतनी मुसीबत झेली, दस-बारह रुपये खर्च किये, अगर अब भी इत्मीनान न हो तो

मजबूरी है। हम पुलिस में न जाएँगे। राइफल के दाम लिस्ट में 180 रुपये लिखे थे, वह 250 रुपये माँगते थे, साथ में दो सौ कारतूस भी दे रहे थे। कारतूस भरने का सामान भी देते थे, जो लगभग 50 रुपये का होगा। इस प्रकार पुरानी राइफल के नई के समान दाम माँगते थे। हम लोग भी 250 रुपये देते थे। पुलिस कप्तान ने भी विचारा कि पूरे दाम मिल रहे हैं। स्वयं वृद्ध हो चुके थे। कोई पुत्र भी न था। अतएव 250 रुपये लेकर राइफल दे दी। पुलिस में कुछ पूछने न गए! उन्हीं दिनों राज्य में एक उच्च पदाधिकारी के नौकर से मिलकर उनके यहाँ से रिवॉल्वर चोरी कराया। जिसके दाम लिस्ट में 75 रुपये थे, उसे 100 रुपये में खरीदा। एक माउजर पिस्तौल भी चोरी कराया, जिसके दाम लिस्ट में उस समय 200 रुपये थे। हमें माउजर पिस्तौल की प्राप्ति की बड़ी उत्कट इच्छा थी। बड़े भारी प्रयत्न के बाद यह माउजर पिस्तौल मिला, जिसका मूल्य 300 रुपये देना पड़ा। कारतूस एक भी न मिला। हमारे पुराने मित्र कबाड़ी महोदय के पास माउजर पिस्तौल के पचास कारतूस पड़े थे। उन्होंने बड़ा काम दिया। हममें से किसी ने भी पहले माउजर पिस्तौल देखा भी न था। कुछ न समझ सके कि कैसे प्रयोग किया जाता है। बड़े कठिन परिश्रम से उसका प्रयोग समझ में आया।

हमने तीन राइफलें, एक बारह बोर की दोनाली कारतूस बन्दूक, दो टोपीदार बन्दूकें, तीन टोपीदार रिवॉल्वर और पाँच कारतूसी रिवॉल्वर खरीदे। प्रत्येक हथियार के साथ पचास या सौ कारतूस भी ले लिये। इन सबमें लगभग चार हजार रुपये व्यय हुए। कुछ कटार तथा तलवारें इत्यादि भी खरीदी थीं।

मैनपुरी षड्यंत्र

इधर तो हम लोग अपने कार्य में व्यस्त थे, उधर मैनपुरी के एक सदस्य पर लीडरी का भूत सवार हुआ। उन्होंने अपना पृथक् संगठन किया। कुछ अस्त्र-शस्त्र एकत्रित हुए। धन की कमी की पूर्ति के लिए एक सदस्य से कहा कि अपने किसी कुटुम्बी के यहाँ डाका डलवाओ। उस सदस्य ने कोई उत्तर न दिया। उसे आज्ञापत्र दिया गया और मार देने की धमकी दी गई। वह पुलिस के पास गए। मामला खुला। मैनपुरी में धर-पकड़ शुरू हो गई। हम लोगों को भी समाचार मिला। दिल्ली में कांग्रेस होनेवाली थी, विचार किया गया कि 'अमेरिका को स्वाधीनता कैसे मिली' नामक पुस्तक, जो यू.पी. सरकार ने जब्त कर ली थी, कांग्रेस के अवसर पर बेच दी जावे। कांग्रेस के उत्सव पर मैं शाहजहाँपुर की सेवा-समिति के साथ अपनी एम्बुलेंस की टोली लेकर गया था। एम्बुलेंसवालों को प्रत्येक स्थान पर बिना रोक जाने की आज्ञा थी। कांग्रेस-पंडाल के बाहर खुले रूप में नवयुवक यह कहकर पुस्तक बेच रहे थे—"यू. पी. में जब्त किताब 'अमेरिका को स्वाधीनता कैसे मिली?'" खुफिया पुलिसवालों ने कांग्रेस का कैम्प घेर लिया। सामने ही आर्य समाज का कैम्प था। वहाँ पर पुस्तक विक्रेताओं की पुलिस ने तलाशी लेना आरम्भ कर दिया। मैंने कांग्रेस कैम्प पर अपने स्वयंसेवक इसलिए छोड़ दिये कि वे बिना स्वागतकारिणी समिति के मंत्री या प्रधान की आज्ञा पाए किसी पुलिसवाले को कैम्प में न घुसने दें। मैं आर्य समाज के कैम्प में गया। सब पुस्तकें एक टेंट में जमा थीं। मैंने

अपने ओवरकोट में सब पुस्तकें लपेटीं, जो लगभग दो सौ होंगी और उसे कन्धे पर डालकर पुलिसवाले के सामने से निकला। मैं वरदी पहने था, टोप लगाए हुए था। एम्बुलेंस का बड़ा-सा लाल बिल्ला मेरे हाथ पर लगा हुआ था, किसी ने कोई सन्देह भी न किया और पुस्तकें बच गईं।

दिल्ली कांग्रेस से लौटकर शाहजहाँपुर आए। वहाँ भी पकड़-धकड़ शुरू हुई। हम लोग वहाँ से चलकर दूसरे शहर के एक मकान में ठहरे हुए थे। रात्रि के समय मकान मालिक ने बाहर से मकान में ताला डाल दिया। ग्यारह बजे के लगभग हमारा एक साथी बाहर से आया। उसने बाहर से ताला पड़ा देख पुकारा। हम लोगों को भी सन्देह हुआ। सबके सब दीवार पर से उतरकर मकान छोड़कर चल दिये।

अँधेरी रात थी। थोड़ी दूर गए थे कि हठात् की आवाज आई, 'खड़े हो जाओ, कौन जाता है?' हम लोग सात-आठ आदमी थे। समझे कि घिर गए। कदम उठाना ही चाहते थे कि फिर आवाज आई, 'खड़े हो जाओ, नहीं तो गोली मारते हैं।'

हम लोग खड़े हो गए। थोड़ी देर में एक पुलिस के दारोगा बन्दूक हमारी ओर किये हुए, रिवॉल्वर कन्धे पर लटकाए, कई सिपाहियों को लिये हुए आ पहुँचे। पूछा, 'कौन हो? कहाँ जाते हो?' हम लोगों ने कहा, 'विद्यार्थी हैं, स्टेशन जा रहे हैं।' 'कहाँ जाओगे?' 'लखनऊ।'

उस समय रात के दो बजे थे। लखनऊ की गाड़ी पाँच बजे आती थी। दारोगा जी को शक हुआ। लालटेन आई, हम लोगों के

चेहरे रोशनी में देखकर उनका शक जाता रहा। कहने लगे, 'रात के समय लालटेन लेकर चला कीजिए', गलती हुई, मुआफ कीजिए।'

हम लोग भी सलाम झाड़कर चलते बने। एक बाग में फूँस की मड़ैया पड़ी थी। उसमें जा बैठे। पानी बरसने लगा। मूसलधार पानी गिरा। सब कपड़े भीग गए। जमीन पर भी पानी भर गया। जनवरी का महीना था। खूब जाड़ा पड़ रहा था। रात भर भीगते और ठिठुरते रहे। बड़ा कष्ट हुआ। प्रातःकाल धर्मशाला में जाकर कपड़े सुखाए। दूसरे दिन शाहजहाँपुर आकर, बन्दूक जमीन में गाड़कर प्रयाग पहुँचे।

विश्वासघात

प्रयाग की एक धर्मशाला में दो-तीन दिन निवास करके विचार किया गया कि एक व्यक्ति बहुत दुर्बलात्मा है, यदि वह पकड़ा गया तो सब भेद खुल जाएगा, अतः उसे मार दिया जाए। मैंने कहा, 'मनुष्य-हत्या ठीक नहीं।' पर अन्त में निश्चय हुआ कि कल चला जाए और उसकी हत्या कर दी जाए। मैं चुप हो गया। हम लोग चार सदस्य साथ थे। हम चारों तीसरे पहर झूसी का किला देखने गए। जब लौटे तब संध्या हो चुकी थी। उसी समय गंगा पार करके यमुना तट पर गए। शौचादि से निवृत्त होकर मैं संध्या समय उपासना करने के लिए रेती पर बैठ गया। एक महाशय ने कहा, 'यमुना के निकट बैठो।' मैं तट से दूर एक ऊँचे स्थान पर बैठा था। मैं वहीं बैठा रहा। वे तीनों भी मेरे पास ही आकर बैठ गए। मैं आँखें बन्द किये ध्यान कर

रहा था। थोड़ी देर में खट से आवाज हुई। समझा कि साथियों में से कोई कुछ कर रहा होगा। तुरन्त ही फायर हुआ। गोली सन्न से मेरे कान के पास से निकल गई। मैं समझ गया कि मेरे ऊपर ही फायर हुआ। मैं रिवॉल्वर निकालता हुआ आगे को बढ़ा। पीछे फिरकर देखा, वे महाशय माउजर हाथ में लिये मेरे ऊपर गोली चला रहे हैं। कुछ दिन पहले मुझसे उनका झगड़ा हो चुका था, किन्तु बाद में समझौता हो गया। फिर भी उन्होंने यह कार्य किया। मैं भी सामना करने को प्रस्तुत हुआ। तीसरा फायर करके वे भाग खड़े हुए। उनके साथ प्रयाग में ठहरे हुए दो सदस्य और भी थे। वे तीनों भाग गए। मुझे देर इसलिए हुई कि मेरा रिवॉल्वर चमड़े के खोल में रखा था। यदि आधा मिनट और उनमें से कोई भी खड़ा रह जाता तो मेरी गोली का निशाना बन जाता। जब सब भाग गए, तब मैं गोली चलाना व्यर्थ जान वहाँ से चला आया। मैं बाल-बाल बच गया। मुझसे दो गज के फासले पर से माउजर पिस्तौल से गोलियाँ चलाई गईं और उस अवस्था में जबकि मैं बैठा हुआ था। मेरी समझ में नहीं आया कि मैं बच कैसे गया! पहला कारतूस फूटा नहीं। तीन फायर हुए। मैं गद्‌गद होकर परमात्मा को स्मरण करने लगा। आनन्दोल्लास में मुझे मूर्च्छा आ गई। मेरे हाथ से रिवॉल्वर तथा खोल दोनों गिर गए। यदि उस समय कोई निकट होता तो मुझे भली-भाँति मार सकता था। मेरी यह अवस्था लगभग एक मिनट तक रही होगी कि मुझसे किसी ने कहा, 'उठ!' मैं उठा। रिवॉल्वर उठा लिया। खोल उठाने का स्मरण ही न रहा। 22 जनवरी की घटना है। मैं केवल एक कोट और एक तहमद पहने था। बाल बढ़ रहे थे। नंगे सिर, पैर में

जूता भी नहीं, ऐसी हालत में कहाँ जाऊँ? अनेक विचार उठ रहे थे।

इन्हीं विचारों में निमग्न यमुना तट पर बड़ी देर तक घूमता रहा। ध्यान आया कि धर्मशाला चलकर ताला तोड़ सामान निकालूँ। फिर सोचा कि धर्मशाला जाने से गोली चलेगी, व्यर्थ में खून होगा। अभी ठीक नहीं। अकेले बदला लेना उचित नहीं। और कुछ साथियों को लेकर फिर बदला लिया जाएगा। मेरे एक साधारण मित्र प्रयाग में रहते थे। उनके पास जाकर बड़ी मुश्किल से एक चादर ली और रेल से लखनऊ आया। लखनऊ जाकर बाल बनवाए। धोती-जूता खरीदे, क्योंकि रुपये मेरे पास थे। रुपये न भी होते तो भी मैं सदैव जो चालीस-पचास रुपये की सोने की अँगूठी पहने रहता था, उसे काम में ला सकता था। वहाँ से आकर अन्य सदस्यों से मिलकर सब विवरण कह सुनाया। कुछ दिन जंगल में रहा। इच्छा थी कि संन्यासी हो जाऊँ। संसार कुछ नहीं। बाद को फिर माताजी के पास गया। उन्हें सब कह सुनाया। उन्होंने मुझे ग्वालियर जाने का आदेश किया। थोड़े दिनों में माता-पिता सभी दादीजी के भाई के यहाँ आ गए। मैं भी वहाँ पहुँच गया।

मैं हर वक्त यही विचार करता कि मुझे बदला अवश्य लेना चाहिए। एक दिन प्रतिज्ञा करके रिवॉल्वर लेकर शत्रु की हत्या करने की इच्छा से गया भी, किन्तु सफलता न मिली। इसी प्रकार की उधेड़बुन में मुझे ज्वर आने लगा। कई महीनों तक बीमार रहा। माताजी मेरे विचारों को समझ गईं। माताजी ने बड़ी सांत्वना दी। कहने लगीं कि प्रतिज्ञा करो कि तुम अपनी हत्या की चेष्टा करनेवालों को जान से न मारोगे। मैंने प्रतिज्ञा करने में आनाकानी की, तो वे

कहने लगीं कि मैं मातृऋण के बदले में प्रतिज्ञा कराती हूँ, क्या जवाब है? मैंने कहा, 'मैं उनसे बदला लेने की प्रतिज्ञा कर चुका हूँ।' माताजी ने मुझे बाध्य कर मेरी प्रतिज्ञा भंग करवाई। अपनी बात पक्की रखी। मुझे ही सिर नीचा करना पड़ा। उस दिन से मेरा ज्वर कम होने लगा और मैं अच्छा हो गया।

पलायनावस्था

मैं ग्राम में ग्रामवासियों की भाँति उसी प्रकार के कपड़े पहनकर रहने लगा। खेती भी करने लगा। देखनेवाले अधिक-से-अधिक इतना समझ सकते थे कि मैं शहर में रहा हूँ, सम्भव है कुछ पढ़ा भी होऊँ। खेती के कामों में मैंने विशेष ध्यान दिया। शरीर तो हृष्ट-पुष्ट था ही, थोड़े ही दिनों में अच्छा-खासा किसान बन गया। उस कठोर भूमि में खेती करना कोई सरल काम नहीं था। बबूल, नीम के अतिरिक्त कोई एक-दो आम के वृक्ष कहीं भले ही दिखाई दे जाएँ। बाकी वह नितान्त मरुभूमि थी। खेत में जाता था। थोड़ी देर में ही झरबेरी के काँटों से पैर भर जाते। पहले-पहले तो बड़ा कष्ट प्रतीत हुआ। कुछ समय पश्चात अभ्यास हो गया। जितना खेत उस देश का एक बलिष्ठ पुरुष दिन भर में जोत सकता था, उतना मैं भी जोत लेता था। मेरा चेहरा बिलकुल काला पड़ गया। थोड़े दिनों के लिए मैं शाहजहाँपुर की ओर घूमने आया तो कुछ लोग मुझे पहचान भी न सके। मैं रात को शाहजहाँपुर पहुँचा। गाड़ी छूट गई। दिन के समय

पैदल जा रहा था कि एक पुलिसवाले ने पहचान लिया। वह और पुलिसवालों को लेने के लिए गया। मैं भागा, पहले दिन का ही थका हुआ था। लगभग बीस मील पहले दिन पैदल चला था। उस दिन भी पैंतीस मील पैदल चलना पड़ा।

मेरे माता-पिता ने सहायता की। मेरा समय अच्छी प्रकार व्यतीत हो गया। माताजी की पूँजी तो मैंने नष्ट कर दी। पिताजी से सरकार की ओर से कहा गया कि लड़के की गिरफ्तारी के वारंट की पूर्ति के लिए लड़के का हिस्सा, जो उसके दादा की जायदाद होगी, नीलाम किया जाएगा। पिताजी घबड़ाकर दो हजार रुपये का मकान आठ सौ में तथा और दूसरी चीजें भी थोड़े दामों में बेचकर शाहजहाँपुर छोड़कर भाग गए। दो बहनों का विवाह हुआ। जो कुछ रहा-बचा था, वह भी व्यय हो गया। माता-पिता की हालत फिर निर्धनों-जैसी हो गई। समिति के जो दूसरे सदस्य भागे हुए थे। उनकी बहुत बुरी दशा हुई। महीनों चनों पर ही समय काटना पड़ा। दो-चार रुपये जो मित्रों तथा सहायकों से मिल जाते थे, उन्हीं पर गुजर होता था। पहनने के कपड़े तक न थे। विवश हो रिवॉल्वर तथा बन्दूकें बेचीं, तब दिन कटे। किसी से कुछ कह भी न सकते थे और गिरफ्तारी के भय के कारण कोई व्यवस्था या नौकरी भी न कर सकते थे।

उसी अवस्था में मुझे व्यवसाय करने की सूझी। मैंने अपने सहपाठी तथा मित्र श्रीयुत सुशीलचन्द्र सेन, जिनका देहान्त हो चुका है, की स्मृति में बँगला भाषा का अध्ययन किया। मेरे छोटे भाई का जन्म हुआ तो मैंने उसका नाम सुशीलचन्द्र रखा। मैंने विचारा कि एक पुस्तकमाला निकालूँ। लाभ भी होगा। कार्य भी सरल है। बँगला

से हिन्दी में पुस्तकों का अनुवाद करके प्रकाशित करवाऊँ। अनुभव कुछ भी नहीं था। बँगला पुस्तक 'निहिलिस्ट रहस्य' का अनुवाद प्रारम्भ कर दिया। जिस प्रकार अनुवाद किया, उसका स्मरण कर कई बार हँसी आ जाती है। कई बैल, गाय तथा भैंस लेकर ऊसर में चराने के लिए जाया करता था। खाली बैठा रहना पड़ता था, अतएव कॉपी-पेंसिल साथ ले जाता और पुस्तक का अनुवाद किया करता था, पशु जब कहीं दूर निकल जाते तब अनुवाद छोड़ लाठी लेकर उन्हें हकालने जाया करता था। कुछ समय के लिए एक साधु की कुटी पर जाकर रहा। वहाँ अधिक समय अनुवाद करने में व्यतीत करता था। खाने के लिए आटा ले जाता था। चार-पाँच दिन के लिए इकट्ठा आटा रखता था। भोजन स्वयं पका लेता था। जब पुस्तक ठीक हो गई तो 'सुशील माला' के नाम से ग्रंथमाला निकाली। पुस्तक का नाम 'बोल्शेविकों की करतूत' रखा। दूसरी पुस्तक 'मन की लहर' छपवाई। इस व्यवसाय में लगभग पाँच सौ रुपये की हानि हुई। जब राजकीय घोषणा हुई और राजनीतिक कैदी छोड़े गए, तब शाहजहाँपुर आकर कोई व्यवसाय करने का विचार हुआ, ताकि माता-पिता की कुछ सेवा हो सके। विचार किया करता था कि इस जीवन में अब फिर कभी आजादी से शाहजहाँपुर में विचरण न कर सकूँगा, पर परमात्मा की लीला अपार है। वे दिन आए। मैं पुन: शाहजहाँपुर का निवासी हुआ।

तृतीय खंड

स्वतंत्र जीवन

राजकीय घोषणा के पश्चात जब मैं शाहजहाँपुर आया तो शहर की अद्‌भुत दशा देखी। कोई पास तक खड़े होने का साहस न करता था। जिसके पास मैं जाकर खड़ा हो जाता था, वह नमस्ते कर चल देता था। पुलिस का बड़ा प्रकोप था। प्रत्येक समय वह छाया की भाँति पीछे-पीछे फिरा करती थी। इस प्रकार का जीवन कब तक व्यतीत किया जाए? मैंने कपड़ा बुनने का काम सीखना आरम्भ किया। जुलाहे बड़ा कष्ट देते थे। कोई काम सिखाना नहीं चाहता था। बड़ी कठिनता से मैंने कुछ काम सीखा। उसी एक कारखाने में मैनेजरी का स्थान खाली हुआ। मैंने उस स्थान के लिए प्रयत्न किया। मुझसे पाँच सौ रुपये की जमानत माँगी गई। मेरी दशा बड़ी शोचनीय थी। तीन-तीन दिवस तक भोजन प्राप्त नहीं होता था, क्योंकि मैंने प्रतिज्ञा की थी कि किसी से कुछ सहायता न लूँगा। पिताजी से बिना कुछ कहे मैं चला आया था। मैं पाँच सौ रुपये कहाँ से लाता? मैंने दो-एक मित्रों से केवल दो सौ रुपये की जमानत देने की प्रार्थना की। उन्होंने साफ इनकार कर दिया। मेरे हृदय पर वज्रपात हुआ। संसार अन्धकारमय

दिखाई देता था। पर बाद को एक मित्र की कृपा से नौकरी मिल गई। अब अवस्था कुछ सुधरी। मैं भी सभ्य पुरुषों की भाँति समय व्यतीत करने लगा। मेरे पास भी चार पैसे हो गए। वे ही मित्र, जिनसे मैंने दो सौ रुपये की जमानत देने की प्रार्थना की थी, अब मेरे पास चार-चार हजार रुपये की थैली, अपनी बन्दूक, लाइसेंस इत्यादि सब डाल जाते थे कि मेरे यहाँ उनकी वस्तुएँ सुरक्षित रहेंगी। समय के इस फेर को देखकर मुझे हँसी आती थी।

इस प्रकार कुछ काल व्यतीत हुआ। दो-चार ऐसे पुरुषों से भेंट हुई, जिनको पहले मैं बड़ी श्रद्धा की दृष्टि से देखता था। उन लोगों ने मेरी पलायनावस्था के सम्बन्ध में कुछ समाचार सुने थे। मुझसे मिलकर वे बड़े प्रसन्न हुए। मेरी लिखी हुई पुस्तकें भी देखीं। इस समय मैं तीसरी पुस्तक 'कैथेराइन' लिख चुका था। मुझे पुस्तकों के व्यवसाय में बहुत घाटा हो चुका था। मैंने 'सुशील माला' का प्रकाशन स्थगित कर दिया। 'कैथेराइन' एक पुस्तक प्रकाशक को दे दी। उन्होंने बड़ी कृपा कर उस पुस्तक को थोड़े से हेर-फेर के साथ प्रकाशित कर दिया। 'कैथेराइन' को देखकर मेरे इष्ट-मित्रों को बड़ा हर्ष हुआ। उन्होंने मुझे पुस्तक लिखते रहने के लिए बड़ा उत्साहित किया। मैंने 'स्वदेशी रंग' नामक एक और पुस्तक लिखकर एक पुस्तक-प्रकाशक को दी। वह भी प्रकाशित हो गई।

बड़े परिश्रम के साथ मैंने एक पुस्तक 'क्रान्तिकारी जीवन' लिखी। 'क्रान्तिकारी जीवन' को कई पुस्तक-प्रकाशकों ने देखा, पर किसी का साहस न हो सका कि उसको प्रकाशित करे। आगरा, कानपुर, कलकत्ता इत्यादि कई स्थानों में घूमकर पुस्तक मेरे पास

लौट आई। कई मासिक पत्रिकाओं में 'राम' तथा 'अज्ञात' नाम से मेरे लेख प्रकाशित हुआ करते थे। लोग बड़े चाव से उन लेखों का पाठ करते थे। मैंने किसी स्थान पर लेखन-शैली का नियमपूर्वक अध्ययन न किया था। बैठे-बैठे खाली समय में ही कुछ लिखा करता और प्रकाशनार्थ भेज दिया करता था। अधिकतर बँगला तथा अँगरेजी की पुस्तकों से अनुवाद करने का ही विचार था। थोड़े समय के पश्चात श्रीयुत अरविन्द घोष की बँगला पुस्तक 'योगिक साधन' का अनुवाद किया। दो पुस्तक प्रकाशकों को दिखाया, पर वे अति अल्प पारितोषिक देकर पुस्तक लेना चाहते थे। आजकल के समय में हिन्दी के लेखकों तथा अनुवादकों की अधिकता के कारण पुस्तक प्रकाशकों को भी बड़ा अभिमान हो गया है। बड़ी कठिनता से बनारस के एक प्रकाशक ने 'योगिक साधन' प्रकाशित करने का वचन दिया। पर थोड़े दिनों में वह स्वयं ही अपने साहित्य-मन्दिर में ताला डालकर कहीं पधार गए। पुस्तक का अब तक कोई पता न लगा। पुस्तक अति उत्तम थी। प्रकाशित हो जाने से हिन्दी साहित्य-सेवियों को अच्छा लाभ होता। मेरे पास जो 'बोल्शेविकों की करतूत' तथा 'मन की लहर' की प्रतियाँ बची थीं, वे मैंने लागत से भी कम मूल्य पर कलकत्ता के एक व्यक्ति श्रीयुत दीनानाथ सगतिया को दे दीं। बहुत थोड़ी पुस्तकें मैंने बेची थीं। दीनानाथ महाशय पुस्तकें हड़प कर गए। मैंने नोटिस दिया। नालिश की। लगभग चार सौ रुपये डिग्री भी हुई किन्तु दीनानाथ महाशय का कहीं पता न चला। वह कलकत्ता छोड़कर पटना चले गए। पटना से भी कई गरीबों का रुपया मारकर कहीं अन्तर्धान हो गए। अनुभवहीनता से इस प्रकार ठोकरें

खानी पड़ीं। कोई पथ-प्रदर्शक तथा सहायक नहीं था, जिससे परामर्श करता। व्यर्थ के उद्योग-धन्धों तथा स्वतंत्र कार्यों में शक्ति का व्यय करता रहा।

पुनर्संगठन

जिन महानुभावों को मैं पूजनीय दृष्टि से देखता था, उन्हीं ने अपनी इच्छा प्रकट की कि मैं क्रान्तिकारी दल का पुनः संगठन करूँ। गत जीवन के अनुभव से मेरा हृदय अत्यन्त दुखित था। मेरा साहस न देखकर इन लोगों ने बहुत उत्साहित किया और कहा कि हम आपको केवल निरीक्षण का कार्य देंगे, बाकी सब कार्य स्वयं ही करेंगे। कुछ मनुष्य हमने पहले जुटा लिये हैं, धन की कमी न होगी, आदि। मान्य पुरुषों की प्रवृत्ति देखकर मैंने भी स्वीकृति दे दी। मेरे पास जो अस्त्र-शस्त्र थे, मैंने दिये। जो दल उन्होंने एकत्रित किया था, उसके नेता से मुझे मिलाया। उसकी वीरता की बड़ी प्रशंसा की। वह एक अशिक्षित ग्रामीण पुरुष था। मेरी समझ में आ गया कि वह बदमाशों का या स्वार्थी जनों का कोई संगठन है। मुझसे उस दल के नेता ने दल का कार्य निरीक्षण करने की प्रार्थना की। दल में फौज से आए हुए लड़ाई पर से वापस किये गए कई व्यक्ति भी थे। मुझे इस प्रकार के व्यक्तियों से कभी कोई काम न पड़ा। मैं दो-एक महानुभावों को साथ ले इन लोगों का कार्य देखने के लिए गया।

थोड़े दिनों बाद इस दल के नेता महाशय एक वेश्या को भी

ले आए। उसे रिवॉल्वर दिखाया कि यदि कहीं गई तो गोली से मार दी जाएगी। यह समाचार सुन उसी दल के दूसरे सदस्य ने बड़ा क्रोध प्रकाशित किया और मेरे पास खबर भेजने का प्रबन्ध किया। उसी समय एक दूसरा आदमी पकड़ा गया, जो नेता महाशय को जानता था। नेता महाशय रिवॉल्वर तथा कुछ सोने के आभूषणों सहित गिरफ्तार हो गए। उनकी वीरता की बड़ी प्रशंसा सुनी थी, जो इस प्रकार प्रकट हुई कि कई आदमियों के नाम पुलिस को बताए और इकबाल कर लिया। लगभग तीस-चालीस आदमी पकड़े गए।

एक दूसरा व्यक्ति जो बहुत वीर था, पुलिस उसके पीछे पड़ी हुई थी। एक दिन पुलिस-कप्तान ने सवार तथा तीस-चालीस बन्दूकवाले सिपाही लेकर उसके घर में उसे घेर लिया। उसने छत पर चढ़कर दोनाली कारतूसी बन्दूक से लगभग तीन सौ फायर किये। बन्दूक गरम होकर गल गई। पुलिसवाले समझे कि घर में कई आदमी हैं। सब पुलिसवाले छिपकर आड़ में से सुबह की प्रतीक्षा करने लगे। उसने मौका पाया। मकान के पीछे से कूद पड़ा, एक सिपाही ने देख लिया। उसने सिपाही की नाक पर रिवॉल्वर का कुंदा मारा। सिपाही चिल्लाया। सिपाही के चिल्लाते ही मकान में से एक फायर हुआ। पुलिसवाले समझे मकान ही में है। सिपाही को धोखा हुआ होगा। बस वह जंगल में निकल गया। अपनी स्त्री को एक टोपीदार बन्दूक दे आया था कि यदि चिल्लाहट हो तो एक फायर कर देना। ऐसा ही हुआ। और वह निकल गया। जंगल में जाकर एक दूसरे दल में मिला। जंगल में भी एक समय पुलिस-कप्तान से सामना हो गया। गोली चली। उसके भी पैर में छर्रे लगे थे। अब वह बड़ा साहसी हो

गया था। समझ गया था कि पुलिसवाले किस प्रकार समय पर आड़ में छिप जाते हैं। इन लोगों का दल छिन्न-भिन्न हो गया था। अत: उसने मेरे पास आश्रय लेना चाहा। मैंने बड़ी कठिनता से अपना पीछा छुड़ाया। तत्पश्चात जंगल में जाकर वह दूसरे दल से मिल गया। वहाँ पर दुराचार के कारण जंगल के दल के नेता ने उसे गोली से मार दिया। उस नेता को भी समय पाकर उसके साथी ने गोली से मार दिया। इस प्रकार सब दल छिन्न-भिन्न हो गया। जो पकड़े गए, उन पर कई डकैतियाँ चलीं। किसी को तीस साल, किसी को पचास साल, किसी को बीस साल की सजाएँ हुईं। एक बेचारा, जिसका किसी डकैती से कोई सम्बन्ध न था, केवल शत्रुता के कारण फँसा दिया गया। उसे फाँसी हो गई और जो सब प्रकार डकैतियों में सम्मिलित था, जिसके पास डकैती का माल तथा कुछ हथियार पाए गए, पुलिस से गोली भी चली, उसे पहले फाँसी की सजा की आज्ञा हुई, पर पैरवी हुई, अतएव हाईकोर्ट से फाँसी की सजा माफ हो गई, केवल पाँच वर्ष की सजा रह गई। जेलवालों से मिलकर उसने डकैतियों में शिनाख्त न होने दी थी। इस प्रकार इस दल की समाप्ति हुई। दैवयोग से हमारे अस्त्र बच गए। केवल एक ही रिवॉल्वर पकड़ा गया।

नोट बनाना

इसी बीच मेरे एक मित्र की एक नोट बनानेवाले महाशय से भेंट हुई। उन्होंने बड़ी-बड़ी आशाएँ बाँधीं। बड़ी लम्बी-लम्बी स्कीम बाँधने

के पश्चात मुझसे कहा कि एक नोट बनानेवाले से भेंट हुई है। बड़ा दक्ष पुरुष है। मुझे भी बना हुआ नोट देखने की बड़ी उत्कट इच्छा थी। मैंने उन सज्जन के दर्शन की इच्छा प्रकट की। जब उक्त नोट बनानेवाले महाशय मुझे मिले तो बड़ी कौतूहलोत्पादक बातें कीं। मैंने कहा कि मैं स्थान तथा आर्थिक सहायता दूँगा, नोट बनाओ। जिस प्रकार उन्होंने मुझसे कहा, मैंने सब प्रबन्ध कर दिया, किन्तु मैंने कह दिया था कि नोट बनाते समय मैं वहाँ उपस्थित रहूँगा, मुझे बताना कुछ मत, पर मैं नोट बनाने की रीति अवश्य देखना चाहता हूँ। पहले-पहले उन्होंने दस रुपये का नोट बनाने का निश्चय किया। मुझसे एक दस रुपये का नया साफ नोट मँगाया। नौ रुपये दवा खरीदने के बहाने से ले गए। रात्रि में नोट बनाने का प्रबन्ध हुआ। दो शीशे लाए। कुछ कागज भी लाए। दो-तीन शीशियों में कुछ दवाई थी। दवाइयों को मिलाकर एक प्लेट में सादे कागज पानी में भिगोए। मैं जो साफ नोट लाया था, उस पर एक सादा कागज लगाकर दोनों को दूसरी दवा डालकर धोया। फिर दो सादे कागजों में लपेट एक पुड़िया सी बनाई और अपने एक साथी को दी कि उसे आग पर गरम कर लाए। आग वहाँ से कुछ दूर पर जलती थी। कुछ समय तक वह आग पर गरम करता रहा और पुड़िया लाकर वापस दे दी। नोट बनाने वाले ने पुड़िया खोलकर दोनों शीशों में दबाकर शीशों को दवा में धोया और फीते से शीशे को बाँधकर रख दिया और कहा कि दो घंटे में नोट बन जाएगा। शीशे रख दिये। बातचीत होने लगी। कहने लगा, 'इस प्रयोग में बड़ा व्यय होता है। छोटे-छोटे नोट बनाने से कोई लाभ नहीं। बड़े नोट बनाने चाहिए, जिससे पर्याप्त

धन की प्राप्ति हो।' इस प्रकार मुझे भी सिखा देने का वचन दिया। मुझे कुछ कार्य था। मैं जाने लगा तो वह भी चला गया। दो घंटे के बाद आने का निश्चय हुआ।

मैं विचारने लगा कि किस प्रकार एक नोट के ऊपर दूसरा सादा कागज रखने से नोट बन जाएगा। मैंने प्रेस का काम सीखा था। थोड़ी-बहुत फोटोग्राफी भी जानता था। साइंस (विज्ञान) का भी अध्ययन किया था। कुछ समझ में न आया कि नोट सीधा कैसे छपेगा। सबसे बड़ी बात यह थी कि नम्बर कैसे छपेंगे। मुझे बड़ा भारी सन्देह हुआ। दो घंटे बाद मैं जब गया तो रिवॉल्वर भरकर जेब में डालकर ले गया। यथासमय वह महाशय आए। उन्होंने शीशे खोलकर कागज निकालकर उन्हें फिर एक दवा से धोया। अब दोनों कागज खोले। एक मेरा लाया हुआ नोट और दूसरा एक दस रुपये का नोट उसी के ऊपर से उतारकर सुखाया। कहा, 'कितना साफ नोट है!' मैंने हाथ में लेकर देखा। दोनों नोटों के नम्बर मिलाए। नम्बर नितान्त भिन्न-भिन्न थे। मैंने जेब से रिवॉल्वर निकाल नोट बनानेवाले महाशय की छाती पर रखकर कहा, 'बदमाश! इस तरह ठगता फिरता है?' वह काँपकर गिर पड़ा। मैंने उसको उसकी मूर्खता समझाई कि यह ढोंग ग्रामवासियों के सामने चल सकता है, अनजान पढ़े-लिखे भी धोखे में आ सकते हैं। किन्तु तू मुझे धोखा देने आया है। अन्त में मैंने उससे प्रतिज्ञा-पत्र लिखाकर, उस पर उसके हाथों की दसों उँगलियों के निशान लगवाए कि वह ऐसा काम फिर न करेगा। दस उँगलियों के निशान देने में उसने कुछ ढील की। मैंने रिवॉल्वर उठाकर कहा कि गोली चलती है, उसने

तुरन्त दसों उँगलियों के निशान बना दिये। वह बुरी तरह काँप रहा था। मेरे उन्नीस रुपये खर्च हो चुके थे। मैंने दोनों नोट रख लिये और शीशे, दवाएँ इत्यादि सब छीन लीं कि मित्रों को तमाशा दिखाऊँगा। तत्पश्चात उन महाशय को विदा किया। उसने किया यह था कि जब अपने साथी को आग पर गरम करने के लिए कागज की पुड़िया दी थी, उसी समय वह साथी सादे कागज की पुड़िया बदलकर दूसरी पुड़िया ले आया जिसमें दोनों नोट थे। इस प्रकार नोट बन गए। इस प्रकार का एक बड़ा भारी दल है, जो सारे भारतवर्ष में ठगी का काम करके हजारों रुपये पैदा करता है। मैं एक सज्जन को जानता हूँ, जिन्होंने इसी प्रकार पचास हजार से अधिक रुपये पैदा कर लिये। होता यह है कि ये लोग अपने एजेंट रखते हैं। वे एजेंट साधारण पुरुषों के पास जाकर नोट बनाने की कथा कहते हैं। आता धन किसे बुरा लगता है। वे नोट बनवाते हैं। इस प्रकार पहले दस का नोट बनाकर दिया, वे बाजार में बेच आए। सौ रुपये का बनाकर दिया वह भी बाजार में चलाया, और चल क्यों न जाए? इस प्रकार के सब नोट असली होते हैं। वे तो केवल चाल से रख दिये जाते हैं। इसके बाद कहा कि हजार या पाँच सौ का नोट लाओ तो कुछ धन भी मिले। जैसे-तैसे करके बेचारा एक हजार का नोट लाया। सादा कागज रखकर शीशे में बाँध दिया। हजार का नोट जेब में रखा और चंपत हुए। नोट के मालिक रास्ता देखते हैं, वहाँ नोट बनानेवालों का पता ही नहीं। अन्त में विवश हो शीशों को खोला जाता है, तो दो सादे कागजों के अलावा कुछ नहीं मिलता, वे अपने सिर पर हाथ मारकर रह जाते हैं।

इस डर से कि यदि पुलिस को मालूम हो गया तो और लेने के देने पड़ेंगे, किसी से कुछ कह भी नहीं सकते। कलेजा मसोसकर रह जाते हैं। पुलिस ने इस प्रकार के कुछ अभियुक्तों को गिरफ्तार भी किया, किन्तु ये लोग पुलिस को नियमपूर्वक चौथ देते रहते हैं और इस कारण बचे रहते हैं।

चालबाजी

कई महानुभावों ने गुप्त समिति नियमादि बनाकर मुझे दिखाए। उनमें एक नियम यह भी था कि जो व्यक्ति समिति का कार्य करे, उन्हें समिति की ओर से कुछ मासिक दिया जाए। मैंने इस नियम को अनिवार्य रूप में मानना अस्वीकार किया। मैं यहाँ तक सहमत था कि जो व्यक्ति सर्व-प्रकारेण समिति के कार्य में अपना समय व्यतीत करे, उनको केवल गुजारा-मात्र समिति की ओर से दिया जा सकता है। जो लोग किसी व्यवस्था को करते हैं, उन्हें किसी प्रकार का मासिक भत्ता देना उचित न होगा। जिन्हें समिति के कोष में से कुछ दिया जाए, उनको भी कुछ व्यवसाय करने का प्रबन्ध करना उचित है, ताकि ये लोग सर्वथा समिति की सहायता पर निर्भर रहकर निरे भाड़े के टट्टू न बन जाएँ। भाड़े के टट्टुओं से समिति का कार्य लेना, जिसमें कतिपय मनुष्य के प्राणों का उत्तरदायित्व हो और थोड़ा सा भेद खुलने से ही बड़ा भयंकर परिणाम हो सकता है, उचित नहीं है। तत्पश्चात उन महानुभावों की सम्मति हुई कि एक निश्चित

कोष समिति के सदस्यों को देने के निमित्त स्थापित किया जाए, जिसकी आय का ब्योरा इस प्रकार हो। फिर डकैतियों से जितना धन प्राप्त हो, उसका आधा समिति के कार्यों में व्यय किया जाए और आधा समिति के सदस्यों को बराबर-बराबर बाँट दिया जाए। मैं इस प्रकार के परामर्श से सहमत न हो सका और मैंने इस प्रकार की गुप्त समिति में, जिसका एक उद्‌देश्य पेटपूर्ति हो, योग देने से इनकार कर दिया। जब मेरी इस प्रकार की दृष्टि देखी तो महानुभावों ने आपस में षड्यंत्र रचा।

जब मैंने उन महानुभावों के परामर्श तथा नियमादि को स्वीकार न किया तो वे चुप हो गए। मैं भी कुछ समझ न सका कि जो लोग मुझसे इतनी श्रद्धा रखते थे, जिन्होंने कई प्रकार की आशाएँ देखकर मुझसे क्रान्तिकारी दल का पुनर्संगटन करने की प्रार्थनाएँ की थीं, अनेक प्रकार की उम्मीदें बँधाई थीं, सब कार्य स्वयं करने के वचन दिये थे, वे लोग ही मुझसे इस प्रकार के नियम बनाने की माँग करने लगे। मुझे बड़ा आश्चर्य हुआ। प्रथम में, जिस समय मैं मैनपुरी षड्यंत्र के सदस्यों के सहित कार्य करता था, उस समय हममें से कोई भी अपने व्यक्तिगत (प्राइवेट) खर्च में समिति का धन व्यय करना पूर्ण पाप समझता था। जहाँ तक हो सकता, अपने खर्च के लिए माता-पिता से कुछ लाकर प्रत्येक सदस्य समिति के कार्यों में धन व्यय किया करता था। इस कारण मेरा साहस इस प्रकार के नियमों से सहमत होने का न हो सका। मैंने विचार किया कि यदि कोई समय आया और किसी प्रकार अधिक धन प्राप्त हुआ, तो कुछ सदस्य ऐसे स्वार्थी हो सकते हैं,

जो अधिक धन लेने की इच्छा करें और आपस में वैमनस्य बढ़े। उसके परिणाम बड़े भयंकर हो सकते हैं। अत: इस प्रकार के कार्य में योग देना मैंने उचित न समझा।

मेरी यह अवस्था देख इन लोगों ने आपस में षड्यंत्र रचा कि जिस प्रकार मैं कहूँ वे नियम स्वीकार कर लें और विश्वास दिलाकर जितने अस्त्र-शस्त्र मेरे पास हों, उनको मुझसे लेकर सब पर अपना कब्जा जमा लें। यदि अस्त्र-शस्त्र माँगूँ तो मुझसे युद्ध किया जाए और आवश्यकता पड़े तो मुझे कहीं ले जाकर जान से मार दिया जाए। तीन सज्जनों ने इस प्रकार का षड्यंत्र रचा और मुझसे चालबाजी करनी चाही। दैवात् उनमें से एक सदस्य के मन में कुछ दया आ गई। उसने आकर मुझसे सब भेद कह दिया। मुझे सुनकर बड़ा खेद हुआ कि जिन व्यक्तियों को मैं पिता तुल्य मानकर श्रद्धा करता हूँ, वे ही मेरा नाश करने के लिए इस प्रकार नीचता का कार्य करने को उद्यत हैं। मैं सँभल गया। मैं उन लोगों से सतर्क रहने लगा कि पुन: प्रयाग जैसी घटना न घटे। जिन महाशय ने मुझसे भेद कहा था, उनकी उत्कट इच्छा थी कि वह एक रिवॉल्वर रखें और इस इच्छापूर्ति के लिए उन्होंने मेरा विश्वासपात्र बनने के कारण मुझसे भेद कहा था। मुझसे एक रिवॉल्वर माँगा कि मैं उन्हें कुछ समय के लिए रिवॉल्वर दे दूँ। यदि मैं उन्हें रिवॉल्वर दे देता तो वह उसे हजम कर जाते। मैं कर ही क्या सकता था? और अब रिवॉल्वर इत्यादि पाना कोई सरल कार्य भी न था। बाद को बड़ी कठिनता से इन चालबाजियों से अपना पीछा छुड़ाया।

अब सब ओर से चित्त को हटाकर बड़े मनोयोग से नौकरी में समय व्यतीत करने लगा। कुछ रुपये इकट्ठा करने के विचार से, कुछ कमीशन इत्यादि का प्रबन्ध कर लेता था। इस प्रकार पिताजी का थोड़ा सा भार बँटाया। सबसे छोटी बहन का विवाह नहीं हुआ था। पिताजी के सामर्थ्य के बाहर था कि उस बहन का विवाह किसी भले घर में कर सकते। मैंने रुपये जमा करके बहन का विवाह एक अच्छे जमींदार के यहाँ कर दिया। पिताजी का भार उतर गया। अब केवल माता-पिता, दादी तथा छोटे भाई थे, जिनके भोजन का प्रबन्ध होना अधिक कठिन काम न था। अब माताजी की उत्कट इच्छा हुई कि मैं भी विवाह कर लूँ। कई अच्छे-अच्छे विवाह-सम्बन्ध के सुयोग एकत्रित हुए। किन्तु मैं विचारता था कि जब तक पर्याप्त धन पास न हो, विवाह-बन्धन में फँसना ठीक नहीं। मैंने स्वतंत्र कार्य आरम्भ किया, नौकरी छोड़ दी। एक मित्र ने सहायता दी। मैंने रेशमी कपड़ा बुनने का एक निजी कारखाना खोल लिया। बड़े मनोयोग तथा परिश्रम से काम किया। परमात्मा की दया से अच्छी सफलता हुई। एक-डेढ़ साल में ही मेरा कारखाना चमक गया। तीन-चार हजार की पूँजी से कार्य आरम्भ किया था। एक साल बाद सब खर्च निकालकर लगभग दो हजार रुपये का लाभ हुआ। मेरा उत्साह और भी बढ़ा। मैंने एक-दो व्यवसाय और भी प्रारम्भ किये। उसी समय मालूम हुआ कि संयुक्त प्रान्त के क्रान्तिकारी दल का पुनर्संगठन हो रहा है। कार्यारम्भ हो गया है। मैंने भी योग देने का वचन दिया, किन्तु उस समय मैं अपने व्यवसाय में बुरी तरह फँसा हुआ था। मैंने छह मास का समय लिया कि छह मास में मैं अपने व्यवसाय को अपने

साझी को सौंप दूँगा और अपने-आप को उसमें से निकाल लूँगा, तब स्वतंत्रतापूर्वक क्रान्तिकारी कार्य में योग दे सकूँगा। छह मास तक मैंने अपने कारखाने का सब काम साफ करके अपने साझी को सब काम समझा दिया, तत्पश्चात अपने वचनानुसार कार्य में योग देने का उद्योग किया।

चतुर्थ खंड

बृहत् संगठन

यद्यपि मैं अपना निश्चय कर चुका था कि अब इस प्रकार के कार्यों में कोई भाग न लूँगा, तथापि मुझे पुन: क्रान्तिकारी आन्दोलन में हाथ डालना पड़ा, जिसका कारण यह था कि मेरी तृष्णा न बुझी थी, मेरे दिल के अरमान न निकले थे। असहयोग आन्दोलन शिथिल हो चुका था, पूर्ण आशा थी कि जितने देश के नवयुवक उस आन्दोलन में भाग लेते थे, उनमें अधिकतर क्रान्तिकारी आन्दोलन में सहायता देंगे और पूरी लगन से काम करेंगे। जब कार्य आरम्भ हो गया और असहयोगियों को टटोला तो वे आन्दोलन से कहीं अधिक शिथिल हो चुके थे। उनकी आशाओं पर पानी फिर चुका था। निज की पूँजी समाप्त हो चुकी थी। घर में व्रत हो रहे थे। आगे की भी कोई विशेष आशा न थी। कांग्रेस में भी स्वराज्य दल का जोर हो गया था। जिनके पास कुछ धन तथा इष्ट-मित्रों का संगठन था, वे कौंसिलों तथा असेंबली के सदस्य बन गए। ऐसी अवस्था में यदि क्रान्तिकारी संगठनकर्ताओं के पास पर्याप्त धन होता तो वे

असहयोगियों को हाथ में लेकर उनसे काम ले सकते थे। कितना भी सच्चा काम करनेवाला हो किन्तु पेट तो सबके हैं। दिन भर में थोड़ा सा अन्न क्षुधा निवृत्ति के लिए मिलना परमावश्यक है। फिर शरीर ढकने की भी आवश्यकता होती है। अतएव कुछ प्रबन्ध ही ऐसा होना चाहिए, जिसमें नित की आवश्यकताएँ पूरी हो जाएँ। जितने धनी-मानी स्वदेश-प्रेमी थे, उन्होंने असहयोग आन्दोलन में पूर्ण सहायता दी थी। फिर भी कुछ ऐसे कृपालु सज्जन थे, जो थोड़ी-बहुत आर्थिक सहायता देते थे। किन्तु प्रान्त-भर के प्रत्येक जिले में संगठन करने का विचार था, पुलिस की दृष्टि बचाने के लिए भी पूर्ण प्रयत्न करना पड़ता था। ऐसी परिस्थिति में साधारण नियमों को काम में लाते हुए कार्य करना बड़ा कठिन था। अनेक उद्योगों के पश्चात कुछ भी सफलता न होती थी। दो-चार जिलों में संगठनकर्ता नियत किये गए थे, जिनको कुछ मासिक गुजारा दिया जाता था। पाँच-दस महीने तक तो इस प्रकार कार्य चलता रहा। बाद को जो सहायक कुछ आर्थिक सहायता देते थे, उन्होंने भी हाथ खींच लिया। अब हम लोगों की अवस्था बहुत खराब हो गई। सब कार्यभार मेरे ऊपर आ चुका था। कोई भी किसी प्रकार की मदद न देता था। जहाँ-तहाँ से पृथक्-पृथक् जिलों में कार्य करने वाले मासिक व्यय की माँग कर रहे थे। कई मेरे पास आए भी। मैंने कुछ रुपया कर्ज लेकर उन लोगों को एक मास का खर्च दिया। कइयों पर कुछ कर्ज भी हो चुका था। मैं कर्ज न निपटा सका। एक केन्द्र के कार्यकर्ता को जब पर्याप्त धन न मिल सका, तो वह कार्य छोड़कर चला गया। मेरे पास क्या प्रबन्ध था, जो मैं

उसकी उदर-पूर्ति कर सकता? अद्भुत समस्या थी। किसी तरह उन लोगों को समझाया।

थोड़े दिनों में क्रान्तिकारी परचे आए। सारे देश में निश्चित तिथि पर परचे बाँटे गए। रंगून, बम्बई, लाहौर, अमृतसर, कलकत्ता तथा बंगाल के मुख्य शहरों तथा संयुक्त प्रान्त के सभी मुख्य-मुख्य जिलों में पर्याप्त संख्या में परचों का वितरण हुआ। भारत सरकार बड़ी सशंक हुई कि ऐसी कौन सी और इतनी बड़ी सुसंगठित समिति है, जो एक दिन में सारे भारतवर्ष में परचे बँट गए। उसी के बाद मैंने कार्यकारिणी की एक बैठक करके जो केन्द्र खाली हो गए थे, उसके लिए एक महाशय को नियुक्त किया। केन्द्र में कुछ परिवर्तन भी हुआ, क्योंकि सरकार के पास संयुक्त प्रान्त के सम्बन्ध में बहुत सी सूचनाएँ पहुँच चुकी थीं। भविष्य की कार्य-प्रणाली का निर्णय किया गया।

कार्यकर्ताओं की दुर्दशा

इस समय की समिति के सदस्यों की बड़ी दुर्दशा थी। चने मिलना भी कठिन था। सब पर कुछ-न-कुछ कर्ज हो गया था। किसी के पास साबुत कपड़े तक न थे। कुछ विद्यार्थी बनकर धर्मक्षेत्रों तक में भोजन कर आते थे। चार-पाँच ने अपने-अपने केन्द्र त्याग दिये। पाँच सौ से अधिक रुपये मैं कर्ज लेकर व्यय कर चुका था। यह दुर्दशा देख मुझे बड़ा कष्ट होने लगा। मुझसे भी भरपेट भोजन न

किया जाता था। सहायता के लिए कुछ सहानुभूति रखनेवालों का द्वार खटखटाया, किन्तु कोरा उत्तर मिला। किंकर्तव्यविमूढ़ था। कुछ समझ में न आता था। कोमल हृदय नवयुवक मेरे चारों ओर बैठकर कहा करते, 'पंडित जी, अब क्या करें?' मैं उनके सूखे-सूखे मुख देख बहुधा रो पड़ता कि स्वदेश-सेवा का व्रत लेने के कारण फकीरों से भी बुरी दशा हो रही है! एक-एक कुरता तथा धोती भी ऐसी नहीं थी जो साबुत होती। लँगोट बाँधकर दिन व्यतीत करते थे। अँगोछे पहनकर नहाते थे, एक समय क्षेत्र में भोजन करते थे, एक समय दो-दो पैसे के सत्तू खाते थे। मैं पन्द्रह वर्ष से एक समय दूध पीता था। इन लोगों की यह दशा देखकर मुझे दूध पीने का साहस न होता था। मैं भी सबके साथ बैठकर सत्तू खा लेता था। मैंने विचार किया कि इतने नवयुवकों के जीवन को नष्ट करके उन्हें कहाँ भेजा जाए? जब समिति का सदस्य बनाया था, तो लोगों ने बड़ी-बड़ी आशाएँ बँधाई थीं। कइयों का पढ़ना-लिखना छुड़ाकर काम में लगा दिया था। पहले से मुझे यह हालत मालूम होती तो मैं कदापि इस प्रकार की समिति में योग न देता। बुरा फँसा! क्या करूँ, कुछ समझ में नहीं आता था। अन्त में धैर्य धारण कर दृढ़तापूर्वक कार्य करने का निश्चय किया।

इसी बीच में बंगाल आर्डिनेंस निकला और गिरफ्तारियाँ हुईं। इनकी गिरफ्तारी ने यहाँ तक असर डाला कि कार्यकर्ताओं में निष्क्रियता के भाव आ गए। क्या प्रबन्ध किया जाए, निर्णय नहीं कर सके। मैंने प्रयत्न किया कि किसी तरह एक सौ रुपये मासिक का कहीं से प्रबन्ध हो जाए। प्रत्येक केन्द्र के प्रतिनिधि से हर प्रकार

से प्रार्थना की थी कि समिति के सदस्यों से कुछ सहायता लें, मासिक चंदा वसूल करें, पर किसी ने कुछ न सुनी। कुछ सज्जनों से व्यक्तिगत प्रार्थना की कि वे अपने वेतन में से कुछ मासिक दे दिया करें। किसी ने कुछ ध्यान न दिया। सदस्य रोज मेरे द्वार पर खड़े रहते थे। पत्रों की भरमार थी कि कुछ धन का प्रबन्ध कीजिए, भूखों मर रहे हैं। दो-एक को व्यवसाय में लगाने का भी इन्तजाम किया। दो-चार जिलों में काम बन्द कर दिया, वहाँ के कार्यकर्ताओं से स्पष्ट शब्दों में कह दिया कि हम मासिक शुल्क नहीं दे सकते। यदि निर्वाह का कोई दूसरा मार्ग हो, और उस ही पर निर्भर रहकर कार्य कर सकते हो तो करो। हमसे जिस समय हो सकेगा देंगे, किन्तु मासिक वेतन देने के लिए हम बाध्य नहीं। कोई बीस रुपये कर्ज के माँगता था, कोई पचास का बिल भेजता था, और कइयों ने असन्तुष्ट होकर कार्य छोड़ दिया। मैंने भी समझ लिया—ठीक ही है, पर इतना करने पर भी गुजर न हो सकी।

अशान्त युवक-दल

कुछ महानुभावों की प्रकृति होती है कि अपनी कुछ शान जमाना या अपने-आप को बड़ा दिखाना अपना कर्तव्य समझते हैं, जिससे भयंकर हानियाँ हो जाती हैं। भोले-भाले आदमी ऐसे मनुष्यों में विश्वास करके उनमें आशातीत साहस, योग्यता तथा कार्यदक्षता की आशा करके उन पर श्रद्धा रखते हैं। किन्तु समय आने पर यह

निराशा के रूप में परिणत हो जाती है। इस प्रकार के मनुष्यों के किन्हीं कारणोंवश यदि प्रतिष्ठा हो गई, अथवा अनुकूल परिस्थितियों के उपस्थित हो जाने से उन्होंने किसी उच्च कार्य में योग दे दिया, तब तो फिर वे अपने-आप को बड़ा भारी कार्यकर्ता जाहिर करते हैं। जनसाधारण भी अन्धविश्वास से उनकी बातों पर विश्वास कर लेते हैं, विशेषकर नवयुवक तो इस प्रकार के मनुष्यों के जाल में शीघ्र ही फँस जाते हैं। ऐसे ही लोग नेतागिरी की धुन में अपनी डेढ़ चावल की खिचड़ी अलग पकाया करते हैं। इसी कारण पृथक्-पृथक् दलों का निर्माण होता है। इस प्रकार के मनुष्य प्रत्येक समाज तथा प्रत्येक जाति में पाए जाते हैं। इनसे क्रान्तिकारी दल भी मुक्त नहीं रह सकता। नवयुवकों का स्वभाव चंचल होता है, वे शान्त संगठित कार्य करना बड़ा दुष्कर समझते हैं। उनके हृदय में उत्साह की उमंगें उठती हैं। वे समझते हैं, दो-चार अस्त्र हाथ आए कि हमने गवर्नमेंट को नाकों चने चबवा दिये। मैं भी जब क्रान्तिकारी दल में योग देने का विचार कर रहा था, उस समय मेरी उत्कंठा थी कि यदि एक रिवॉल्वर मिल जाए तो दस-बीस अँगरेजों को मार दूँ। इसी प्रकार के भाव मैंने कई नवयुवकों में देखे। उनकी बड़ी प्रबल हार्दिक इच्छा होती है कि किसी प्रकार एक रिवॉल्वर या पिस्तौल उनके हाथ लग जाए तो वे उसे अपने पास रख लें। मैंने उनसे रिवॉल्वर पास रखने का लाभ पूछा, तो कोई सन्तोषजनक उत्तर नहीं दे सके। कई युवकों को मैंने इस शौक को पूरा करने में सैकड़ों रुपये बरबाद करते भी देखा है। किसी क्रान्तिकारी आन्दोलन के सदस्य नहीं, कोई विशेष कार्य भी नहीं, महज शौकिया रिवॉल्वर पास रखेंगे। ऐसे ही थोड़े से

युवकों को एक दल एक महोदय ने भी एकत्रित किया। ये सब बड़े सच्चरित्र, स्वाभिमानी और सच्चे कार्यकर्ता थे। इस दल ने विदेश से अस्त्र प्राप्त करने का बड़ा उत्तम सूत्र प्राप्त किया था। जिससे यथारुचि पर्याप्त अस्त्र मिल सकते थे। उन अस्त्रों के दाम भी अधिक न थे। अस्त्र भी पर्याप्त संख्या में बिलकुल नये मिलते थे। यहाँ तक प्रबन्ध हो गया था कि यदि हम लोग रुपये का उचित प्रबन्ध कर देंगे और यथासमय मूल्य निपटा दिया करेंगे, तो हमको माल उधार भी मिल जाया करेगा और हमें जब जिस प्रकार के जितनी संख्या में अस्त्रों की आवश्यकता होगी, मिल जाया करेंगे। यही नहीं, समय आने पर हम विशेष प्रकार की मशीनवाली बन्दूकें भी बनवा सकेंगे। इस समय समिति की आर्थिक अवस्था बड़ी खराब थी। इस सूत्र के हाथ लग जाने और इसके लाभ उठाने की इच्छा होने पर भी बिना रुपये के कुछ होता दिखलाई न पड़ता था। रुपये का प्रबन्ध करना नितान्त आवश्यक था। किन्तु वह हो कैसे? दान कोई देता न था, कर्ज भी न मिलता था, और कोई उपाय न देख डाका डालना तय हुआ। किन्तु किसी व्यक्ति विशेष की सम्पत्ति (Private Property) पर डाका डालना हमें अभीष्ट न था। सोचा, यदि लूटना है तो सरकारी माल क्यों न लूटा जाए? इसी उधेड़बुन में एक दिन मैं रेल में जा रहा था। गार्ड के डिब्बे के पास की गाड़ी में बैठा था। स्टेशन मास्टर एक थैली लाए, और गार्ड के डिब्बे में डाल गए। कुछ खटपट की आवाज हुई। मैंने उतरकर देखा कि एक लोहे का सन्दूक रखा है। विचार किया कि इसी में थैली डाली होगी। अगले स्टेशन पर उसमें थैली डालते भी देखा। अनुमान किया कि लोहे

का सन्दूक गार्ड के डिब्बे में जंजीर से बँधा रहता होगा, ताला पड़ा रहता होगा, आवश्यकता होने पर ताला खोलकर उतार लेते होंगे। इसके थोड़े दिनों बाद लखनऊ स्टेशन पर जाने का अवसर प्राप्त हुआ। देखा एक गाड़ी में से कुली लोहे के आमदनीवाले सन्दूक उतार रहे हैं। निरीक्षण करने से मालूम हुआ कि उनमें जंजीर, ताला कुछ नहीं पड़ता, यों ही रखे जाते हैं। उसी समय निश्चय किया कि इसी पर हाथ मारूँगा।

रेलवे डकैती

उसी समय से धुन सवार हुई। तुरन्त स्थान पर जा टाइम-टेबुल देखकर अनुमान किया कि सहारनपुर से गाड़ी चलती है, लखनऊ तक अवश्य दस हजार रुपये रोज की आमदनी होती होगी। सब बातें ठीक करके कार्यकर्ताओं का संग्रह किया। दस नवयुवकों को लेकर विचार किया कि किसी छोटे स्टेशन पर जब गाड़ी हो, स्टेशन के तारघर पर अधिकार कर लें और गाड़ी का सन्दूक उतारकर तोड़ डालें, जो कुछ मिले उसे लेकर चल दें, परन्तु इस कार्य में मनुष्यों की अधिक संख्या की आवश्यकता थी। इस कारण यही निश्चय किया कि गाड़ी की जंजीर खींचकर चलती गाड़ी को खड़ा करके तब लूटा जाए। सम्भव है कि तीसरे दरजे की जंजीर खींचने से गाड़ी न खड़ी हो, क्योंकि तीसरे दरजे में बहुधा प्रबन्ध ठीक नहीं रहता है। इस कारण से दूसरे दरजे की जंजीर खींचने

का प्रबन्ध किया। सब लोग उसी ट्रेन में सवार थे। गाड़ी खड़ी होने पर सब उतरकर गार्ड के डिब्बे के पास पहुँच गए। लोहे का सन्दूक उतारकर छेनियों से काटना चाहा, छेनियों ने काम न दिया, तब कुल्हाड़ा चला।

मुसाफिरों से कह दिया कि सब गाड़ी में चढ़ जाओ। गाड़ी का गार्ड गाड़ी में चढ़ना चाहता था, पर उसे जमीन पर लेट जाने की आज्ञा दी, ताकि बिना गार्ड की गाड़ी न जा सके। दो आदमियों को नियुक्त किया कि वे लाइन की पगडंडी को छोड़कर घास में खड़े होकर गाड़ी से हटे हुए गोली चलाते रहें। एक सज्जन गार्ड के डिब्बे से उतरे। उनके पास भी माउजर पिस्तौल था। विचारा कि ऐसा शुभ अवसर जाने कब हाथ आए। माउजर पिस्तौल काहे को चलाने को मिलेगा? उमंग जो आई, सीधी करके दागने लगे। मैंने जो देखा तो डाँटा, क्योंकि गोली चलाने की उनकी ड्यूटी (काम) ही न थी। फिर यदि कोई मुसाफिर कौतूहलवश बाहर को सिर निकाले तो उसके गोली जरूर लग जाए। हुआ भी ऐसा ही, जो व्यक्ति रेल से उतरकर अपनी स्त्री के पास जा रहा था, मेरा खयाल है कि इन्हीं महाशय की गोली उसके लग गई, क्योंकि जिस समय यह महाशय सन्दूक नीचे डालकर गार्ड के डिब्बे से उतरे थे, केवल दो-तीन फायर हुए थे। उसी समय स्त्री ने कोलाहल किया होगा और उसका पति उसके पास जा रहा था, जो उक्त महाशय की उमंग का शिकार हो गया। मैंने यथाशक्ति पूर्ण प्रबन्ध किया था कि जब तक कोई बन्दूक लेकर सामना करने न आए या मुकाबले में गोली न चले तब तक किसी आदमी पर फायर न होने पाए। मैं नर-हत्या

कराके डकैती को भीषण रूप देना नहीं चाहता था। फिर भी मेरा कहा न मानकर अपना काम छोड़ गोली चला देने का यह परिणाम हुआ। गोली चलाने की ड्यूटी जिनको मैंने दी थी, वे बड़े दक्ष तथा अनुभवी मनुष्य थे, उनसे भूल होना असम्भव है। उन लोगों को मैंने देखा कि वे अपने स्थान से पाँच मिनट बाद पाँच फायर करते थे। यही मेरा आदेश था।

सन्दूक तोड़ तीन गठरियों में थैलियाँ बाँधीं। सबसे कई बार कहा, देख लो कोई सामान रह तो नहीं गया, इस पर भी एक महाशय चद्दर डाल आए। रास्ते में थैलियों से रुपये निकालकर गठरी बाँधी और उसी समय लखनऊ शहर में जा पहुँचे। किसी ने पूछा भी नहीं, कौन हो, कहाँ से आए हो? इस प्रकार दस आदमियों ने एक गाड़ी को रोककर लूट लिया। उस गाड़ी में चौदह मनुष्य ऐसे थे, जिनके पास बन्दूक या राइफलें थीं। दो अँगरेजी सशस्त्र फौजी जवान भी थे, पर सब शान्त रहे। ड्राइवर महाशय तथा इंजीनियर महाशय दोनों का बुरा हाल था। वे दोनों अँगरेजी थे। ड्राइवर महाशय इंजन में लेटे रहे। इंजीनियर महाशय पाखाने में जा छिपे। हमने कह दिया था कि मुसाफिरों से न बोलेंगे, सरकार का माल लूटेंगे। इस कारण मुसाफिर भी शान्तिपूर्वक बैठे रहे। समझे तीस-चालीस आदमियों ने गाड़ी को चारों ओर से घेर लिया है। केवल दस युवकों ने इतना बड़ा आतंक फैला दिया। साधारणतः इस बात पर बहुत से मनुष्य विश्वास करने में भी संकोच करेंगे कि दस नवयुवकों ने गाड़ी खड़ी करके लूट ली। जो भी हो, वास्तव में बात यही थी। इन दस कार्यकर्ताओं में अधिकतर तो ऐसे थे, जो आयु में सिर्फ लगभग बाईस वर्ष के होंगे

और शरीर से बड़े पुष्ट भी न थे। इस सफलता को देखकर मेरा साहस बहुत बढ़ गया। मेरा जो विचार था, वह अक्षरशः सत्य सिद्ध हुआ। पुलिसवालों की वीरता का मुझे अन्दाजा था। इस घटना से भविष्य के कार्य की बहुत बड़ी आशा बँध गई। नवयुवकों का भी उत्साह बढ़ गया। जितना कर्जा था निपटा दिया। अस्त्रों की खरीद के लिए लगभग एक हजार रुपये भेज दिये। प्रत्येक केन्द्र के कार्यकर्ता को यथास्थान भेजकर दूसरे प्रान्तों में भी कार्य-विस्तार करने का निर्णय करके कुछ प्रबन्ध किया। एक युवक-दल ने बम बनाने का प्रबन्ध किया, मुझसे भी सहायता चाही। मैंने आर्थिक सहायता देकर अपना एक सदस्य भेजने का वचन दिया। किन्तु कुछ त्रुटियाँ हुईं, जिससे सम्पूर्ण दल अस्त-व्यस्त हो गया।

मैं इस विषय में कुछ भी न जान सका कि दूसरे देश के क्रान्तिकारियों ने प्रारम्भिक अवस्था में हम लोगों की भाँति प्रयत्न किया या नहीं। यदि पर्याप्त अनुभव होता तो इतनी साधारण भूलें न करते। त्रुटियों के होते हुए भी कुछ भी न बिगड़ता और न कुछ भेद खुलता, न इस अवस्था को पहुँचते, क्योंकि मैंने जो संगठन किया था, उसमें किसी ओर से मुझे कमजोरी न दिखाई देती थी। कोई भी किसी प्रकार की त्रुटि न समझ सकता था। इसी कारण आँख बन्द किये बैठे रहे, किन्तु आस्तीन में साँप छिपा हुआ था, ऐसा गहरा मुँह मारा कि चारों खाने चित कर दिया।

जिन्हें हम हार समझे थे गला अपना सजाने को,
वही अब नाग बन बैठे हमारे काट खाने को!

नवयुवकों में आपस की होड़ के कारण बहुत वितंडा तथा कलह भी हो जाती थी, जो भयंकर रूप धारण कर लेती। मेरे पास जब मामला आता तो मैं प्रेमपूर्वक समिति की दशा का अवलोकन कर सबको शान्त कर देता। कभी नेतृत्व को लेकर वाद-विवाद चल जाता। एक केन्द्र के निरीक्षक से वहाँ के कार्यकर्ता अत्यन्त असन्तुष्ट थे, क्योंकि निरीक्षक से अनुभवहीनता के कारण कुछ भूलें हो गई थीं। यह अवस्था देख मुझे बहुत खेद तथा आश्चर्य हुआ, क्योंकि नेतागिरी का भूत सबसे भयानक होता है। जिस समय से यह भूत खोपड़ी पर सवार होता है, उसी समय से सब काम चौपट हो जाता है। केवल एक-दूसरे के दोष देखने में समय व्यतीत होता है और वैमनस्य बढ़कर भयंकर परिणामों का उत्पादक होता है। इस प्रकार के समाचार सुन मैंने सबको एकत्रित कर खूब फटकारा। सब अपनी त्रुटि समझकर पछताए और प्रीतिपूर्वक आपस में मिलकर कार्य करने लगे। पर ऐसी अवस्था हो गई थी कि दलबन्दी की नौबत आ गई थी। एक प्रकार से तो दलबन्दी हो ही गई थी। पर मुझ पर सबकी श्रद्धा थी और मेरे वक्तव्य को सब मान लेते थे। सब कुछ होने पर भी मुझे किसी और से किसी प्रकार का सन्देह न था। किन्तु परमात्मा को ऐसा ही स्वीकार था, जो इस अवस्था का दर्शन करना पड़ा।

काकोरी डकैती होने के बाद से ही पुलिस बहुत सचेत हुई। बड़े जोरों के साथ जाँच आरम्भ हो गई। शाहजहाँपुर में कुछ नए व्यक्तियों के दर्शन हुए। पुलिस के कुछ विशेष सदस्य मुझसे भी मिले। चारों ओर शहर में यही चर्चा थी कि रेलवे डकैती किसने कर

ली? उन्हीं दिनों शहर में डकैती के एक-दो नोट निकल आए, अब तो पुलिस का अनुसन्धान और भी बढ़ने लगा। कई मित्रों ने मुझसे कहा भी कि सतर्क रहो। दो-एक सज्जन ने निश्चितरूपेण समाचार दिया कि मेरी गिरफ्तारी जरूर हो जाएगी। मेरी समझ में कुछ न आया। मैंने विचार किया कि यदि गिरफ्तारी हो भी गई तो पुलिस को मेरे विरुद्ध कुछ प्रमाण न मिल सकेगा। अपनी बुद्धिमत्ता पर कुछ अधिक विश्वास था। अपनी बुद्धि के सामने दूसरों की बुद्धि को तुच्छ समझता था। कुछ यह भी विचार था कि देश की सहानुभूति की परीक्षा की जाए। जिस देश पर हम अपना बलिदान देने को उपस्थित हैं, उस देश के वासी हमारे साथ कितनी सहानुभूति रखते हैं? कुछ जेल का अनुभव भी प्राप्त करना था। वास्तव में मैं काम करते-करते थक गया था, भविष्य के कार्यों में अधिक नर-हत्या का ध्यान करके मैं हतबुद्धि सा हो गया था। मैंने किसी के कहने की कोई भी चिन्ता न की।

रात्रि के समय ग्यारह बजे के लगभग एक मित्र के यहाँ से अपने घर गया। रास्ते में खुफिया पुलिस के सिपाहियों से भेंट हुई। कुछ विशेष रूप से उस समय भी वे मेरी देखभाल कर रहे थे। मैंने कोई चिन्ता न की और घर पर जाकर सो गया। प्रात:काल चार बजने पर जगा, शौचादि से निवृत्त होने पर बाहर द्वार पर बन्दूक के कुंदों का शब्द सुनाई दिया। मैं समझ गया कि पुलिस आ गई है। मैं तुरन्त द्वार खोलकर बाहर गया। एक पुलिस अफसर ने बढ़कर हाथ पकड़ लिया। मैं गिरफ्तार हो गया। मैं केवल एक अँगोछा पहने हुए था। पुलिसवाले को अधिक भय न था। पूछा कि घर में कोई अस्त्र हो

तो दे दीजिए। मैंने कहा, कोई आपत्तिजनक वस्तु घर में नहीं। उन्होंने बड़ी सज्जनता की। मेरे हथकड़ी इत्यादि कुछ न डाली। मकान की तलाशी लेते समय एक पत्र मिल गया, जो मेरी जेब में था। कुछ होनहार कि तीन-चार पत्र मैंने लिखे थे। डाकखाने में डालने को भेजे, तब तक डाक निकल चुकी थी। मैंने वे सब इस खयाल से अपने पास ही रख लिये कि डाक के बम्बे में डाल दूँगा। फिर विचार किया कि जैसे बम्बे में पड़े रहेंगे, वैसे जेब में पड़े हैं, मैं उन पत्रों को वापस घर ले आया। उन्हीं में एक पत्र आपत्तिजनक था, जो पुलिस के हाथ लग गया। गिरफ्तार होकर पुलिस कोतवाली पहुँचा। वहाँ पर खुफिया पुलिस के एक अफसर से भेंट हुई। उस समय उन्होंने कुछ ऐसी बातें कीं, जिन्हें मैं या एक व्यक्ति और जानता था। कोई तीसरा व्यक्ति इस प्रकार से ब्योरेवार नहीं जान सकता था। मुझे बड़ा आश्चर्य हुआ किन्तु सन्देह इस कारण न हो सका कि मैं दूसरे व्यक्ति के कार्यों पर अपने शरीर के समान ही विश्वास रखता था। शाहजहाँपुर में जिन-जिन व्यक्तियों की गिरफ्तारी हुई, वे भी बड़ी आश्चर्यजनक प्रतीत होती थीं। जिन पर कोई सन्देह भी न था, पुलिस उन्हें कैसे जान गई? दूसरे स्थानों पर क्या हुआ, कुछ भी न मालूम हो सका। जेल पहुँच जाने पर मैं थोड़ा-बहुत अनुमान कर सका, कि सम्भवत: दूसरे स्थानों में भी गिरफ्तारियाँ हुई होंगी। गिरफ्तारियों के समाचार सुनकर शहर के सभी मित्र भयभीत हो गए। किसी से इतना भी न हो सका कि जेल में हम लोगों के पास समाचार भेजने का प्रबन्ध कर देता।

जेल

जेल में पहुँचते ही खुफिया पुलिसवालों ने यह प्रबन्ध कराया कि हम सब एक-दूसरे से अलग रखे जाएँ, किन्तु फिर भी एक-दूसरे से बातचीत हो जाती थी। यदि साधारण कैदियों के साथ रखते तब तो बातचीत का पूर्ण प्रबन्ध हो जाता, इस कारण से सबको अलग-अलग तनहाई की कोठरियों में बन्द किया गया। यही प्रबन्ध दूसरे जिले की जेलों में भी, जहाँ-जहाँ भी इस सम्बन्ध में गिरफ्तारियाँ हुई थीं, किया गया था। अलग-अलग रखने से पुलिस को यह सुविधा होती है कि प्रत्येक से पृथक्-पृथक् मिलकर बातचीत करते हैं। कुछ भय दिखाते हैं, कुछ इधर-उधर की बातें करके भेद जानने का प्रयत्न करते हैं। अनुभवी लोग तो पुलिसवालों से मिलने से इनकार ही कर देते हैं, क्योंकि उनसे मिलकर हानि के अतिरिक्त लाभ कुछ भी नहीं होता। कुछ व्यक्ति ऐसे होते हैं जो समाचार जानने के लिए कुछ बातचीत करते हैं। पुलिसवालों से मिलना ही क्या है। वे तो चालबाजी से बात निकालने की ही रोटी खाते हैं। उनका जीवन इसी प्रकार की बातों में व्यतीत होता है। नवयुवक दुनियादारी क्या जानें? वे इस प्रकार की बातें ही बना सकते हैं।

जब किसी तरह कुछ समाचार ही न मिलते तब तो जी बहुत घबड़ाता। यही पता नहीं चलता कि पुलिस क्या कर रही है, भाग्य का क्या निर्णय होगा? जितना समय व्यतीत होता जाता था, उतनी ही चिन्ता बढ़ती जाती थी। जेल-अधिकारियों से मिलकर पुलिस यह भी प्रबन्ध करा देती है कि मुलाकात करनेवालों से घर

के सम्बन्ध में बातचीत करें, मुकदमे के सम्बन्ध में कोई बातचीत न करें। सुविधा के लिए सबसे प्रथम यह परमावश्यक है कि एक विश्वासपात्र वकील किया जाए, जो यथासमय आकर बातचीत कर सके। वकील के लिए किसी प्रकार की रुकावट नहीं हो सकती। वकील के साथ अभियुक्त की जो बातें होती हैं, उनको कोई दूसरा सुन नहीं सकता। क्योंकि इस प्रकार का कानून है, यह अनुभव बाद में हुआ। गिरफ्तारी के बाद शाहजहाँपुर के वकीलों से मिलना भी चाहा, किन्तु शाहजहाँपुर में ऐसे दब्बू वकील रहते हैं, जो सरकार के विरुद्ध मुकदमे में सहायता देने में हिचकते हैं।

मुझसे खुफिया पुलिस के कप्तान साहब मिले। थोड़ी बातें करके अपनी इच्छा प्रकट की कि मुझे सरकारी गवाह बनाना चाहते हैं। थोड़े दिनों में एक मित्र ने भयतीत होकर कि कहीं वह भी न पकड़ा जाए, बनारसीलाल से भेंट की और समझा-बुझाकर उसे सरकारी गवाह बना दिया। बनारसीलाल बहुत घबराता था कि कौन सहायता देगा, सजा जरूर हो जाएगी। यदि किसी वकील से मिल लिया होता तो उसका धैर्य न टूटता। पं. हरकरननाथ शाहजहाँपुर आए, जिस समय वह अभियुक्त श्रीयुत प्रेमकृष्ण खन्ना से मिले, उस समय अभियुक्त ने पं. हरकरननाथ से बहुत कुछ कहा कि मुझसे तथा दूसरे अभियुक्तों से मिल लें। यदि वह कहा मान जाते और मिल लेते तो बनारसीलाल को साहस हो जाता और वह डटा रहता। उसी रात्रि को पहले एक इंस्पेक्टर बनारसीलाल से मिले। फिर जब मैं सो गया तब बनारसीलाल को निकालकर ले गए। प्रातःकाल पाँच बजे के करीब, जब बनारसीलाल की कोठरी में से कुछ शब्द न सुनाई

दिया, तो मैंने बनारसीलाल को पुकारा। पहरे पर जो कैदी था, उससे मालूम हुआ, बनारसीलाल बयान दे चुके। बनारसीलाल के सम्बन्ध में सब मित्रों ने कहा था कि इससे अवश्य धोखा होगा, पर मेरी बुद्धि में कुछ न समाया था। प्रत्येक जानकार ने बनारसीलाल के सम्बन्ध में यही भविष्यवाणी की थी कि वह आपत्ति पड़ने पर अटल न रह सकेगा। इस कारण सबने उसे किसी प्रकार के गुप्त कार्य में लेने की मनाही की थी। अब तो जो होना था सो हो गया।

थोड़े दिनों बाद जिला कलेक्टर मिले। कहने लगे, फाँसी हो जाएगी। बचना हो तो बयान दे दो। मैंने कुछ उत्तर न दिया। तत्पश्चात खुफिया पुलिस के कप्तान साहब मिले, बहुत सी बातें कीं। कई कागज दिखलाए। मैंने कुछ-कुछ अन्दाजा लगाया कि कितनी दूर तक ये लोग पहुँच गए हैं। मैंने कुछ बातें बनाईं, ताकि पुलिस का ध्यान दूसरी ओर चला जाए, परन्तु उन्हें तो विश्वसनीय सूत्र हाथ लग चुका था। वे बनावटी बातों पर क्यों विश्वास करते? अन्त में उन्होंने अपनी यह इच्छा प्रकट की कि यदि मैं बंगाल का सम्बन्ध बताकर कुछ बोल्शेविक सम्बन्ध के विषय में अपना बयान दे दूँ, तो वे मुझे थोड़ी सी सजा करा देंगे, और सजा के थोड़े दिनों बाद ही जेल से निकालकर इंग्लैंड भेज देंगे और पन्द्रह हजार रुपये पारितोषिक भी सरकार से दिला देंगे। मैं मन-ही-मन में बहुत हँसता था। अन्त में एक दिन फिर मुझसे जेल में मिलने को गुप्तचर विभाग के कप्तान साहब आए। मैंने अपनी कोठरी में से निकलने से ही इनकार कर दिया। वह कोठरी पर आकर बहुत सी बातें करते रहे, अन्त में परेशान होकर चले गए।

शिनाख्त कराई गई। पुलिस को जितने आदमी मिल सके उतने आदमी लेकर शिनाख्त कराई। भाग्यवश श्री अईनुद्दीन साहब मुकदमे के मजिस्ट्रेट मुकर्रर हुए, उन्होंने जी भर के पुलिस की मदद की। शिनाख्तों में अभियुक्तों को साधारण मजिस्ट्रेटों की भाँति भी सुविधाएँ न दीं। दिखाने के लिए कागजी कार्यवाही खूब साफ रखी। जबान के बड़े मीठे थे। प्रत्येक अभियुक्त से बड़े तपाक से मिलते थे। बड़ी मीठी-मीठी बातें करते थे। सब समझते थे कि हमसे सहानुभूति रखते हैं। कोई न समझ सका कि अन्दर-ही-अन्दर घाव कर रहे हैं। इतना चालाक अफसर शायद ही कोई दूसरा हो। जब तक मुकदमा उनकी अदालत में रहा, किसी को कोई शिकायत का मौका ही न दिया। यदि कभी कोई बात हो भी जाती तो ऐसे ढंग से उसे टालने की कोशिश करते कि किसी को बुरा ही न लगता। बहुधा ऐसा भी हुआ कि खुली अदालत में अभियुक्तों से क्षमा तक माँगने में संकोच न किया। किन्तु कागजी कार्यवाही में इतने होशियार थे कि जो कुछ लिखा सदैव अभियुक्तों के विरुद्ध! जब मामला सेशन के सुपुर्द किया और आज्ञा-पत्र में युक्तियाँ दीं, तब सबकी आँखें खुलीं कि कितना गहरा घाव मार दिया।

मुकदमा अदालत में न आया था, उसी समय रायबरेली में बनवारीलाल की गिरफ्तारी हुई। मुझे हाल मालूम हुआ। मैंने पं. हरकरननाथ से कहा कि सब काम छोड़कर सीधे रायबरेली जाएँ और बनवारीलाल से मिलें, किन्तु उन्होंने मेरी बातों पर कुछ भी ध्यान न दिया। मुझे बनवारीलाल पर पहले ही सन्देह था, क्योंकि उसका रहन-सहन इस प्रकार का था कि जो ठीक न था। जब दूसरे

सदस्यों के साथ रहता तब उनसे कहा करता कि मैं जिला संगठनकर्ता हूँ। मेरी गणना अधिकारियों में है। मेरी आज्ञापालन किया करो। मेरे जूठे बरतन मला करो। कुछ विलासिता प्रिय भी था, प्रत्येक समय शीशा, कंघा तथा साबुन साथ रखता था। मुझे इससे भय था, किन्तु हमारे दल के एक खास आदमी का वह विश्वासपात्र रह चुका था। उन्होंने सैकड़ों रुपये देकर उसकी सहायता की थी। इसी कारण हम लोग भी अन्त तक उसे मासिक सहायता देते रहे थे। मैंने बहुत कुछ हाथ-पैर मारे। पर कुछ भी न चली, और जिसका मुझे भय था, वही हुआ। भाड़े का टट्टू अधिक बोझ न सँभाल सका, उसने बयान दे दिया। जब तक वह गिरफ्तार न हुआ था, कुछ सदस्यों ने उसके पास जो अस्त्र थे वे माँगे, पर उसने न दिये। जिला अफसर की शान में रहा। गिरफ्तार होते ही सब शान मिट्टी में मिल गई। बनवारीलाल के बयान दे देने से पुलिस का मुकदमा मजबूती पकड़ गया। यदि वह अपना बयान न देता तो मुकदमा बहुत कमजोर था। सब लोग चारों ओर से एकत्रित करके लखनऊ जिला जेल में रखे गए। थोड़े समय तक अलग-अलग रहे, किन्तु अदालत में मुकदमा आने से पहले ही एकत्रित कर दिये गए।

मुकदमे में रुपये की जरूरत थी। अभियुक्तों के पास क्या था? उनके लिए धन-संग्रह करना कितना दुष्कर था! न जाने किस प्रकार निर्वाह करते थे। अधिकतर अभियुक्तों का कोई सम्बन्धी पैरवी भी न कर सकता था। जिस किसी के कोई था भी, वह बाल-बच्चों तथा घर को सँभालता या इतने समय तक घर-बार छोड़कर मुकदमा करता? यदि चार अच्छे पैरवी करनेवाले होते तो पुलिस का तीन-चौथाई

मुकदमा टूट जाता। लखनऊ जैसे जनाने शहर में मुकदमा हुआ, जहाँ अदालत में शहर का कोई भी आदमी न आता था। इतना भी तो न हुआ कि एक अच्छा प्रेस-रिपोर्टर ही रहता, जो मुकदमे की सारी कार्यवाही को, जो कुछ अदालत में होता था, प्रेस में भेजता रहता। इंडियन डेली टेलीग्राफवालों ने कृपा की। यदि कोई अच्छा रिपोर्टर आ भी गया, और जो कुछ अदालत की कार्रवाई ठीक-ठीक प्रकाशित हुई तो पुलिसवाले ने जज साहब से मिलकर तुरन्त उस रिपोर्टर को निकलवा दिया। जनता की कोई सहानुभूति न थी। जो पुलिस के जी में आया, करती रही। इन सारी बातों को देखकर जज का साहस बढ़ गया। उसने जैसा जी चाहा सब कुछ किया। अभियुक्त चिल्लाए, 'हाय! हाय!' पर कुछ भी सुनवाई न हुई। और बातें तो दूर, श्रीयुत दामोदरस्वरूप सेठ को पुलिस ने जेल में सड़ा डाला। लगभग एक वर्ष तक वे जेल में तड़पते रहे। सौ पौंड से केवल छियासठ पौंड वजन रह गया। कई बार जेल में मरणासन्न हो गए। नित्य बेहोशी आ जाती थी। लगभग दस मास तक कुछ भी भोजन न कर सके। छटाँक-दो छटाँक दूध किसी प्रकार पेट में पहुँच जाता था। उससे इस प्रकार की विकट वेदना होती थी कि कोई उनके पास खड़ा होकर उस छटपटाने के दृश्य को देख न सकता था। एक मेडिकल बोर्ड बनाया गया जिसमें तीन डॉक्टर थे। उनकी कुछ समझ में न आया तो कह दिया कि सेठजी को कोई बीमारी ही नहीं है। जब से काकोरी षड्यंत्र के अभियुक्त जेल में एक साथ रहने लगे, तभी से उनमें एक अद्‌भुत परिवर्तन का समावेश हुआ, जिसका अवलोकन कर मेरे आश्चर्य की सीमा न रही। जेल में सबसे बड़ी बात तो यह थी कि

प्रत्येक आदमी अपनी नेतागिरी की दुहाई देता था। कोई भी बड़े-छोटे का भेद न रहा। बड़े तथा अनुभवी पुरुषों की बातों की अवहेलना होने लगी। अनुशासन का नाम भी न रहा। बहुधा उलटे जवाब मिलने लगे। छोटी-मोटी बातों पर मतभेद हो जाता। इस प्रकार का मतभेद कभी-कभी वैमनस्य तक का रूप धारण कर लेता। आपस में झगड़ा भी हो जाता। खैर, जहाँ चार बर्तन रहते हैं, वहाँ खटकते ही हैं। ये लोग तो मनुष्य देहधारी थे। परन्तु लीडरी की धुन ने पार्टीबन्दी का खयाल पैदा कर दिया। जो युवक जेल के बाहर अपने से बड़ों की आज्ञा को वेद-वाक्य के समान मानते थे, वे ही उन लोगों का तिरस्कार तक करने लगे। इसी प्रकार आपस का वाद-विवाद कभी-कभी भयंकर रूप धारण कर लिया करता। प्रान्तीय प्रश्न छिड़ जाता। बंगाली तथा संयुक्त प्रान्तवासियों के कार्य की आलोचना होने लगती। इसमें कोई सन्देह नहीं कि बंगाल ने क्रान्तिकारी आन्दोलन में दूसरे प्रान्तों से अधिक कार्य किया है, किन्तु बंगालियों की हालत यह है कि जिस किसी कार्यालय या दफ्तर में एक भी बंगाली पहुँच जाएगा, थोड़े ही दिनों में उस कार्यालय या दफ्तर में बंगाली-ही-बंगाली दिखाई देंगे, जिस शहर में बंगाली रहते हैं, उनकी बस्ती अलग ही बसती है। बोली भी अलग, खान-पान भी अलग, जेल में यही सब अनुभव हुआ।

जिन महानुभावों को मैं त्याग की मूर्ति समझता था, उनके अन्दर भी बंगालीपने का भाव देखा। मैंने जेल से बाहर कभी स्वप्न में भी यह विचार न किया था कि क्रान्तिकारी दल के सदस्यों में भी प्रान्तीयता के भावों का समावेश होगा। मैं तो यही समझता रहा कि क्रान्तिकारी तो समस्त भारतवर्ष को स्वतंत्र करने का प्रयत्न कर

रहे हैं, उनका किसी प्रान्त विशेष से क्या सम्बन्ध? परन्तु साक्षात् देख लिया कि प्रत्येक बंगाली के दिमाग में कविवर रवीन्द्रनाथ का गीत 'आमार सोनार बांगला, आमि तोमाके भालोवासी' (मेरे सोने के बंगाल, मैं तुझसे मुहब्बत करता हूँ) ठूँस-ठूँसकर भरा था, जिसका उनके नैमित्तिक जीवन में पग-पग पर प्रकाश होता था। अनेक प्रयत्न करने पर भी जेल के बाहर इस प्रकार का अनुभव कदापि न प्राप्त हो सकता था।

बड़ी भयंकर-से-भयंकर आपत्ति में भी मेरे मुख से आह न निकली, प्रिय सहोदर का देहान्त होने पर भी आँख से आँसू न गिरा, किन्तु इस दल के कुछ व्यक्ति ऐसे थे, जिनकी आज्ञा को मैं संसार में सबसे श्रेष्ठ मानता था। जिनकी जरा सी कड़ी दृष्टि भी मैं सहन न कर सकता था, जिनके कटु वचनों के कारण मेरे हृदय पर चोट लगती थी और अश्रुओं का स्रोत उबल पड़ता था। मेरी इस अवस्था को देखकर दो-चार मित्रों को, जो मेरी प्रकृति को जानते थे, बड़ा आश्चर्य होता था। लिखते हुए हृदय कम्पित होता है कि उन्हीं सज्जनों में बंगाली तथा अबंगाली का भाव इस प्रकार भरा था कि बंगालियों की बड़ी-से-बड़ी भूल, हठधर्मी तथा भीरुता की अवहेलना की गई। यह देखकर अन्य पुरुषों का साहस बढ़ता था। नित्य नई चालें चली जाती थीं। आपस में ही एक-दूसरे के विरुद्ध षड्यंत्र रचे जाते थे। बंगालियों का न्याय-अन्याय सब सहन कर लिया जाता था। इन सारी बातों ने मेरे हृदय को टूक-टूक कर डाला। सब कृत्यों को देख मैं मन-ही-मन घुटा करता।

एक बार विचार हुआ कि सरकार से समझौता कर लिया

जाए। बैरिस्टर साहब ने खुफिया पुलिस के कप्तान से परामर्श आरम्भ किया। किन्तु यह सोचकर कि इससे क्रान्तिकारी दल की निष्ठा न मिट जाए, यह विचार छोड़ दिया गया। युवक-वृंद की सम्मति हुई कि अनशन व्रत करके सरकार से हवालाती की हालत में ही माँगें पूरी करा ली जाएँ, क्योंकि लम्बी-लम्बी सजाएँ होंगी। संयुक्त प्रान्त की जेलों में साधारण कैदियों का भोजन खाते हुए सजा काटकर जेल से जिन्दा निकलना कोई सरल कार्य नहीं। जितने राजनीतिक कैदी षड्यंत्रों के सम्बन्ध में सजा पाकर इस प्रान्त की जेलों में रखे गए, उनमें से पाँच-छह महात्माओं ने इस प्रान्त की जेलों के व्यवहार के कारण जेलों में प्राण त्याग दिये।

इस विचार के अनुसार काकोरी के लगभग सब हवालातियों ने अनशन व्रत आरम्भ कर दिया। दूसरे ही दिन सब पृथक् कर दिये गए। कुछ व्यक्ति डिस्ट्रिक्ट जेल में रखे गए, कुछ सेंट्रल जेल भेजे गए। अनशन करते पन्द्रह दिवस व्यतीत हो गए, तब सरकार के कान पर भी जूँ रेंगी। उधर सरकार का काफी नुकसान हो रहा था। जज साहब तथा दूसरे कचहरी के कार्यकर्ताओं को घर बैठे वेतन देना पड़ता था। सरकार को स्वयं चिन्ता थी कि किसी प्रकार अनशन छूटे। जेल अधिकारियों ने पहले आठ आने रोज तय किये। मैंने उस समझौते को अस्वीकार कर दिया और बड़ी कठिनता से दस आने रोज पर ले आया। उस अनशन व्रत में पन्द्रह दिवस तक मैंने जल पीकर निर्वाह किया था। सोलहवें दिन नाक से दूध पिलाया गया था। श्रीयुत रोशनसिंह जी ने भी इसी प्रकार मेरा साथ दिया था। वे पन्द्रह दिन तक बराबर चलते-फिरते रहे थे। स्नानादि करके अपने

नैमित्तिक कर्म भी कर लिया करते थे। दस दिन तक तो मेरे मुख को देखकर अनजान पुरुष यह अनुमान भी नहीं कर सकता था कि मैं अन्न नहीं खाता।

समझौते के जिन खुफिया पुलिस के अधिकारियों से मुख्य नेता महोदय का वार्तालाप बहुधा एकान्त में हुआ करता था, समझौते की बात खत्म हो जाने पर भी आप उन लोगों से मिलते रहे। मैंने कुछ विशेष ध्यान न दिया। यदा-कदा दो-एक बात से पता चलता कि समझौते के अतिरिक्त कुछ दूसरी भी बातें होती हैं। मैंने इच्छा प्रकट की कि मैं भी एक समय सी.आई.डी. के कप्तान से मिलूँ, क्योंकि मुझसे पुलिस बहुत असन्तुष्ट थी। मुझे पुलिस से न मिलने दिया गया। परिणामस्वरूप सी.आई.डी. वाले मेरे दुश्मन हो गए। सब मेरे व्यवहार की ही शिकायत किया करते। पुलिस अधिकारियों से बातचीत करके मुख्य नेता महोदय को कुछ आशा बँध गई। आपका जेल से निकलने का उत्साह जाता रहा। जेल से निकलने के उद्योग में जो उत्साह था, वह बहुत ढीला हो गया। नवयुवकों की श्रद्धा को मुझसे हटाने के लिए अनेक प्रकार की बातें की जाने लगीं। मुख्य नेता महोदय ने स्वयं कुछ कार्यकर्ताओं से मेरे सम्बन्ध में कहा कि ये कुछ रुपये खा गए। मैंने एक-एक पैसे का हिसाब रखा था। जैसे ही मैंने इस प्रकार की बातें सुनीं, मैंने कार्यकारिणी के सदस्यों के सामने रखकर हिसाब देना चाहा, और अपने विरुद्ध आक्षेप करनेवाले को दंड देने का प्रस्ताव उपस्थित किया। अब बंगालियों का साहस न हुआ कि मुझसे हिसाब समझें। मेरे आचरण पर भी आक्षेप किये गए।

जिस दिन सफाई की बहस मैंने समाप्त की, सरकारी वकील ने उठकर मुक्त कंठ से मेरी बहस की प्रशंसा की कि सैकड़ों वकीलों से अच्छी बहस की। मैंने नमस्कार कर उत्तर दिया कि आपके चरणों की कृपा है, क्योंकि इस मुकदमे के पहले मैंने किसी अदालत में समय न व्यतीत किया था, सरकारी तथा सफाई के वकीलों की जिरह को सुनकर मैंने भी साहस किया था। इसके बाद पहले मुख्य नेता महाशय के विषय में सरकारी वकील ने बहस करनी शुरू की। खूब ही आड़े हाथों लिया। अब तो मुख्य नेता महाशय का बुरा हाल था, क्योंकि उन्हें आशा थी कि सम्भव है सबूत की कमी से वे छूट जाएँ या अधिक-से-अधिक पाँच या दस वर्ष की सजा हो जाए। आखिर चैन न पड़ा। सी.आई.डी. अफसरों को बुलाकर जेल में उनसे एकान्त में डेढ़ घंटे तक बातें हुईं। युवक मंडल को इसका पता चला। सब मिलकर मेरे पास आए। कहने लगे, इस समय सी.आई.डी. अफसर से क्यों मुलाकात की जा रही है? मेरी जिज्ञासा पर उत्तर मिला कि सजा होने के बाद जेल में क्या व्यवहार होगा, इस सम्बन्ध में बातचीत कर रहे हैं। मुझे सन्तोष न हुआ। दो या तीन दिन बाद मुख्य नेता महाशय एकान्त में बैठकर कई घंटे तक कुछ लिखते रहे। लिखकर कागज जेब में रख भोजन करने गए। मेरी अन्तरात्मा ने कहा, 'उठ, देख तो क्या हो रहा है?' मैंने जेब से कागज निकालकर पढ़े। पढ़कर शोक तथा आश्चर्य की सीमा न रही। पुलिस द्वारा सरकार को क्षमा-प्रार्थना भेजी जा रही थी। भविष्य के लिए किसी प्रकार के हिंसात्मक आन्दोलन या कार्य में भाग न लेने की प्रतिज्ञा की गई थी। Undertaking दी गई थी।

मैंने मुख्य कार्यकर्ताओं से सब विवरण कहकर इस सबका कारण पूछा कि क्या हम लोग इस योग्य भी नहीं रहे, जो हमसे किसी प्रकार का परामर्श किया जाए? तब उत्तर मिला कि व्यक्तिगत बात थी। मैंने बड़े जोर के साथ विरोध किया कि कदापि व्यक्तिगत बात नहीं हो सकती। खूब फटकार लगाई। मेरी बातों को सुन चारों ओर खलबली पड़ी। मुझे बड़ा क्रोध आया कि कितनी धूर्तता से काम लिया गया। मुझे चारों ओर से चढ़ाकर लड़ने के लिए प्रस्तुत किया गया। मेरे विरुद्ध षड्यंत्र रचे गए। मेरे ऊपर अनुचित आक्षेप किये गए, नवयुवकों के जीवन का भार लेकर लीडरी की शान झाड़ी गई और थोड़ी सी आपत्ति पड़ने पर इस प्रकार बीस-बीस वर्ष के युवकों को बड़ी-बड़ी सजाएँ दिला, जेल में सड़ने को डालकर स्वयं बन्धन से निकल जाने का प्रयत्न किया गया। धिक्कार है ऐसे जीवन को! किन्तु सोच-समझकर चुप रहा।

अभियोग

काकोरी में रेलवे ट्रेन लुट जाने के बाद ही पुलिस का विशेष विभाग उक्त घटना का पता लगाने के लिए तैनात किया गया। एक विशेष व्यक्ति मि. हार्टन इस विभाग के निरीक्षक थे। उन्होंने घटनास्थल तथा रेलवे पुलिस की रिपोर्टों को देखकर अनुमान किया कि सम्भव है यह कार्य क्रान्तिकारियों का हो। प्रान्त के क्रान्तिकारियों की जाँच शुरू हुई। उसी समय शाहजहाँपुर में रेलवे डकैती के तीन नोट मिले।

चोरी गए नोटों की संख्या सौ से अधिक थी, जिनका मूल्य लगभग एक हजार रुपये होगा। इनमें से लगभग सात-आठ सौ रुपये के मूल्य के नोट सीधे सरकार के खजाने में पहुँच गए। अतः सरकार नोटों के मामले को चुपचाप पी गई। ये नोट लिस्ट प्रकाशित होने से पूर्व ही सरकारी खजाने में पहुँच चुके थे। पुलिस का लिस्ट प्रकाशित करना व्यर्थ हुआ। सरकारी खजाने में से ही जनता के पास कुछ नोट लिस्ट प्रकाशित होने के पूर्व ही पहुँच गए थे, इस कारण वे जनता के पास निकल आए।

उन्हीं दिनों में जिला खुफिया पुलिस को मालूम हुआ कि मैं 8, 9 तथा 10 अगस्त, सन् 1925 को शाहजहाँपुर में नहीं था। अधिक जाँच होने लगी। इसी जाँच-पड़ताल में पुलिस को मालूम हुआ कि गवर्नमेंट स्कूल, शाहजहाँपुर के इन्दुभूषण मित्र नामक एक विद्यार्थी के पास मेरे क्रान्तिकारी दल सम्बन्धी पत्र आते हैं, जो वह मुझे दे आता है। स्कूल के हेडमास्टर द्वारा इन्दुभूषण के पास आए हुए पत्रों की नकल कराकर हार्टन साहब के पास भेजी जाती रही। इन्हीं पत्रों से हार्टन साहब को मालूम हुआ कि मेरठ में प्रान्त की क्रान्तिकारी समिति की बैठक होनेवाली है। उन्होंने एक सब-इंस्पेक्टर को मेरठ अनाथालय में, जहाँ पर मीटिंग होने का पता चला था, भेजा। उन्हीं दिनों हार्टन साहब को किसी विशेष सूत्र से मालूम हुआ कि शीघ्र ही कनखल में डाका डालने का प्रबन्ध क्रान्तिकारी समिति के सदस्य कर रहे हैं, और सम्भव है कि किसी बड़े शहर में डाकखाने की आमदनी लूटी जाए। हार्टन साहब को एक सूत्र से एक पत्र मिला जो मेरे हाथ का लिखा था। इस पत्र में सितम्बर में होनेवाले श्राद्ध

का जिक्र था, जिसकी 13 तारीख निश्चित की गई थी। पत्र में था कि दादा का श्राद्ध नं. 1, 13 सितम्बर होगा, अवश्य पधारिए। मैं अनाथालय में मिलूँगा। पत्र पर 'रुद्र' के हस्ताक्षर थे।

आगामी डकैतियों को रोकने के लिए हार्टन साहब ने प्रान्त भर में 26 सितम्बर, सन् 1925 को लगभग तीस मनुष्यों को गिरफ्तार किया। उन्हीं दिनों में इंदुभूषण के पास आए हुए पत्र से पता लगा कि कुछ वस्तुएँ बनारस में किसी विद्यार्थी की कोठरी में बन्द हैं। अनुमान किया गया कि सम्भव है कि वे हथियार हों। अनुसन्धान करने से हिन्दू विश्वविद्यालय के एक विद्यार्थी की कोठरी से दो राइफलें निकलीं। उस विद्यार्थी को कानपुर में गिरफ्तार किया गया। इंदुभूषण ने मेरी गिरफ्तारी की सूचना एक पत्र द्वारा बनारस को भेजी। जिसके पास पत्र भेजा था, उसे पुलिस गिरफ्तार कर चुकी थी, क्योंकि उसने श्री रामनाथ पांडेय के पते का पत्र मेरी गिरफ्तारी के समय मेरे मकान से पाया था। रामनाथ पांडेय के पत्र पुलिस के पास पहुँचे थे। अतः इंदुभूषण को गिरफ्तार किया गया। इंदुभूषण ने दूसरे दिन अपना बयान दे दिया। गिरफ्तार किये हुए व्यक्तियों में से कुछ से मिल-मिलाकर बनारसीलाल ने भी, जो शाहजहाँपुर की जेल में था, अपना बयान दे दिया और वह सरकारी गवाह बना दिया गया। यह कुछ अधिक जानता था। इसके बयान से क्रान्तिकारी पत्र के पार्सलों का पता चला। बनारस के डाकखाने से जिन-जिन के पास पार्सल भेजे गए थे, उनको पुलिस ने गिरफ्तार किया। कानपुर में गोपीनाथ ने, जिसके नाम पार्सल गया था, गिरफ्तार होते ही पुलिस को बयान दे दिया और वह सरकारी गवाह बना लिया गया। इसी

प्रकार रायबरेली में स्कूल के विद्यार्थी कुँवर बहादुर के पास पार्सल आया था, उसने भी गिरफ्तार होते ही बयान दे दिया और सरकारी गवाह बना लिया गया। इसके पास मनीऑर्डर भी आया करते थे, क्योंकि यह बनवारीलाल का पोस्ट बॉक्स (डाक पानेवाला) था। इसने बनवारीलाल के एक रिश्तेदार का पता बताया, जहाँ तलाशी लेने से बनवारीलाल का एक ट्रंक मिला। इस ट्रंक में एक कारतूसी पिस्तौल, एक कारतूसी फौजी रिवॉल्वर तथा कुछ कारतूस पुलिस के हाथ लगे। श्री बनवारीलाल की खोज हुई। बनवारीलाल भी पकड़ लिये गए। गिरफ्तारी के थोड़े दिनों बाद ही पुलिसवाले मिले, उलटा-सीधा सुझाया और बनवारीलाल ने भी अपना बयान दे दिया तथा इकबाली मुलजिम बनाए गए। श्रीयुत बनवारीलाल ने काकोरी डकैती में अपना सम्मिलित होना बताया था। उधर कलकत्ता में दक्षिणेश्वर में एक मकान में बम बनाने का सामान, एक बना हुआ बम, 7 रिवॉल्वर, पिस्तौल तथा कुछ राजद्रोहात्मक साहित्य पकड़ा गया। इसी मकान में श्रीयुत राजेंद्रनाथ लाहिड़ी बी. ए., जो इस मुकदमे में फरार थे, गिरफ्तार हुए।

इंदुभूषण के गिरफ्तार हो जाने के बाद उसके हेडमास्टर को एक पत्र मध्य प्रान्त से मिला, जिसे उसने हार्टन साहब के पास वैसा ही भेज दिया। इस पत्र से एक व्यक्ति मोहनलाल खत्री का चाँदा में पता चला। वहाँ से पुलिस ने खोज लगाकर पूना में श्रीयुत रामकृष्ण खत्री को गिरफ्तार करके लखनऊ भेजा। बनारस में भेजे हुए पार्सलों के सम्बन्ध से जबलपुर में श्रीयुत प्रणवेशकुमार चटर्जी को गिरफ्तार करके भेजा गया। कलकत्ता से श्रीयुत शचींद्रनाथ

सान्याल, जिन्हें बनारस षड्यंत्र से आजन्म काले पानी की सजा हुई थी, और जिन्हें बाँकुरा में 'क्रान्तिकारी परचे' बाँटने के कारण दो वर्ष की सजा हुई थी, इस मुकदमे में लखनऊ भेजे गए। श्रीयुत योगेशचन्द्र चटर्जी बंगाल ऑर्डिनेंस के कैदी हजारीबाग जेल से भेजे गए। आप अक्तूबर, 1924 में कलकत्ता में गिरफ्तार हुए थे। आपके पास दो कागज पाए गए थे, जिनमें संयुक्त प्रान्त के सब जिलों का नाम था, और लिखा था कि बाईस जिलों में समिति का कार्य हो रहा था। ये कागज इस षड्यंत्र के सम्बन्ध के समझे गए। श्रीयुत राजेंद्रनाथ लाहिड़ी दक्षिणेश्वर बम केस में दस वर्ष के दीपान्तर की सजा पाने के बाद इस मुकदमे में लखनऊ भेजे गए। अब लगभग छत्तीस मनुष्य गिरफ्तार हुए थे। अट्ठाईस पर मजिस्ट्रेट की अदालत में मुकदमा चला। तीन आदमी—(1) श्रीयुत शचींद्रनाथ, (2) श्रीयुत चन्द्रशेखर आजाद, (3) श्रीयुत अशफाक उल्ला खाँ फरार रहे। बाकी सब मुकदमा अदालत में आने से पहले छोड़ दिये गए। अट्ठाईस में दो पर से मजिस्ट्रेट की अदालत में मुकदमा उठा लिया गया। दो सरकारी गवाह बनाकर उन्हें माफी दी गई। अन्त में मजिस्ट्रेट ने इक्कीस व्यक्तियों को सेशन के सुपुर्द किया। सेशन में मुकदमा आने पर श्रीयुत दामोदर स्वरूप सेठ बहुत बीमार हो गए। अदालत न आ सकते थे, अतः अन्त में बीस व्यक्ति रह गए। बीस में से दो व्यक्ति श्रीयुत शचींद्रनाथ बिस्वास तथा श्रीयुत हरगोविंद सेशन की अदालत से मुक्त हुए। बाकी अठारह को सजाएँ हुईं।

श्री बनवारीलाल इकबाली मुलजिम हो गए। वे रायबरेली जिला कांग्रेस कमेटी में मंत्री भी रह चुके हैं। उन्होंने असहयोग

आन्दोलन में छह मास का कारावास भी भोगा। इस पर भी पुलिस की धमकी से प्राण संकट में पड़ गए। आप ही हमारी समिति के ऐसे सदस्य थे कि जिन पर समिति का सबसे अधिक धन व्यय किया गया। प्रत्येक मास आपको पर्याप्त धन भेजा जाता था। मर्यादा की रक्षा के लिए हम लोग यथाशक्ति बनवारीलाल को मासिक शुल्क दिया करते थे। अपने पेट काटकर इनको मासिक व्यय दिया गया। फिर भी इन्होंने अपने सहायकों की गरदन पर छुरी चलाई। अधिक-से-अधिक दस वर्ष की सजा हो जाती। जिस प्रकार सबूत इनके विरुद्ध था, वैसे ही, इसी प्रकार के दूसरे अभियुक्तों पर था, जिन्हें दस-दस वर्ष की सजा हुई। यही नहीं, पुलिस के बहकाने से सेशन में बयान देते समय जो नई बातें इन्होंने जोड़ीं, उनमें मेरे सम्बन्ध में कहा कि रामप्रसाद डकैतियों के रुपये से अपने परिवार का निर्वाह करता है। इस बात को सुनकर मुझे हँसी भी आई, पर हृदय पर बड़ा आघात लगा कि जिनकी उदर-पूर्ति के लिए प्राणों को संकट में डाला, दिनों को दिन और रात को रात न समझा, बुरी तरह से मार खाई, माता-पिता का कुछ भी खयाल न किया, वही इस प्रकार आक्षेप करे।

समिति के सदस्यों ने इस प्रकार का व्यवहार किया। बाहर जो साधारण जीवन के सहयोगी थे, उन्होंने भी अद्भुत रूप धारण किया। एक ठाकुर साहब के पास काकोरी डकैती का नोट मिल गया था। वह कहीं शहर में पा गए थे। जब गिरफ्तारी हुई, मजिस्ट्रेट के यहाँ जमानत नामंजूर हुई, जज साहब ने चार हजार की जमानत माँगी। कोई जमानती न मिलता था। आपके वृद्ध भाई मेरे पास आए।

पैरों पर सिर रखकर रोने लगे। मैंने जमानत कराने का प्रयत्न किया। मेरे माता-पिता कचहरी जाकर खुले रूप से पैरवी करने को मना करते रहे कि पुलिस खिलाफ है, रिपोर्ट हो जाएगी, पर मैंने एक न सुनी। कचहरी जाकर, कोशिश करके जमानत दाखिल कराई। जेल में उन्हें स्वयं जाकर छुड़ाया। पर जब मैंने उक्त महाशय का नाम उक्त घटना की गवाही देने के लिए सूचित किया, तब पुलिस ने उन्हें धमकाया और उन्होंने पुलिस को तीन बार लिखकर दे दिया कि हम रामप्रसाद को जानते भी नहीं। हिन्दू-मुस्लिम झगड़े के समय जिनके घरों की रक्षा की थी, जिनके बाल-बच्चे मेरे सहारे मुहल्ले में निर्भयता से निवास करते रहे, उन्होंने ही मेरे खिलाफ झूठी गवाहियाँ बनवाकर भेजीं। कुछ मित्रों के भरोसे पर उनका नाम गवाही में दिया कि जरूर गवाही देंगे। संसार लौट जाए पर वे नहीं डिग सकते। पर वचन दे चुकने पर भी जब पुलिस का दबाव पड़ा, वे भी गवाही देने से इनकार कर गए। जिनको अपना हृदय, सहोदर तथा मित्र समझकर हर तरह की सेवा करने को तैयार रहता था, जिस प्रकार की आवश्यकता होती, यथाशक्ति उनको पूर्ण करने की प्राणपण से चेष्टा करता था, उनसे इतना भी न हुआ कि कभी जेल पर आकर दर्शन दे जाते, फाँसी की कोठरी में ही आकर सन्तोषजनक दो बातें कर जाते। एक-दो सज्जनों ने इतनी कृपा तथा साहस किया कि दस मिनट के लिए अदालत में दूर खड़े होकर दर्शन दे गए। यह सब इसलिए कि पुलिस का आतंक छाया हुआ था कि गिरफ्तार न कर लिये जाएँ। इस पर भी जिसने जो कुछ किया, मैं उसी को अपना सौभाग्य समझता हूँ, और उनका आभारी हूँ—

वह फूल चढ़ाते हैं, तुर्बत भी दबी जाती।
माशूक के थोड़े से भी एहसान बहुत हैं॥

परमात्मा से यही प्रार्थना है कि सब प्रसन्न तथा सुखी रहें। मैंने तो सब बातों को जानकर ही इस मार्ग पर पैर रखा था। मुकदमे के पहले संसार का कोई अनुभव ही न था। न कभी जेल देखी, न किसी अदालत का कोई तजुर्बा था। जेल में जाकर मालूम हुआ कि किसी नई दुनिया में पहुँच गया। मुकदमे से पहले मैं यह भी न जानता था कि कोई लेखन-कला-विज्ञान भी है, इसका कोई विशेषज्ञ (Hand writing expert) भी होता है, जो लेखन-शैली को देखकर लेखक का निर्णय कर सकता है। यह भी नहीं पता था कि लेख किस प्रकार मिलाए जाते हैं। एक मनुष्य के लेख में क्या भेद होता है, क्यों भेद होता है, लेखन-कला विशेषज्ञ हस्ताक्षर को प्रमाणित कर सकता है तथा लेखक के वास्तविक लेख में और बनावटी लेख में भेद कर सकता है, इस प्रकार का कोई भी अनुभव तथा ज्ञान न रखते हुए भी एक प्रान्त की क्रान्तिकारी समिति का सम्पूर्ण भार लेकर उसका संचालन कर रहा था। बात यह है कि क्रान्तिकारी कार्य की शिक्षा देने के लिए कोई पाठशाला तो है ही नहीं। यही हो सकता था कि पुराने अनुभवी क्रान्तिकारी से कुछ सीखा जाए। न जाने कितने व्यक्ति बंगाल तथा पंजाब के षड्यंत्रों में गिरफ्तार हुए, पर किसी ने भी यह उद्योग न किया कि एक इस प्रकार की पुस्तक लिखी जाए, जिससे नवागन्तुकों को कुछ अनुभव की बातें मालूम होतीं।

लोगों को इस बात की बड़ी उत्कंठा होगी कि क्या यह

पुलिस का भाग्य ही था, जो सब बना-बनाया मामला हाथ आ गया। क्या पुलिसवाले परोक्ष ज्ञानी होते हैं? कैसे गुप्त बातों का पता चला लेते हैं? कहना पड़ता है कि यह देश का दुर्भाग्य! सरकार का सौभाग्य!! बंगाल पुलिस के सम्बन्ध में तो अधिक कहा नहीं जा सकता, क्योंकि मेरा कुछ विशेषानुभव नहीं। इस प्रान्त की खुफिया पुलिसवाले तो महान भोंदू होते हैं जिन्हें साधारण ज्ञान भी नहीं होता। साधारण पुलिस से खुफिया में आते हैं। साधारण पुलिस की दरोगाई करते हैं, मजे में लम्बी-लम्बी घूस खाकर बड़े-बड़े पेट बढ़ा आराम करते हैं। उनकी बला तकलीफ उठाए। यदि कोई एक-दो चालाक हुए भी तो थोड़े दिन बड़े ओहदे की फिराक में काम दिखाया, दौड़-धूप की, कुछ पद-वृद्धि हो गई और सब काम बन्द। इस प्रान्त में बाकायदा पुलिस का कोई गुप्तचर विभाग नहीं, जिसको नियमित रूप से शिक्षा दी जाती हो। फिर काम करते-करते अनुभव हो ही जाता है। मैनपुरी षड्यंत्र तथा इस षड्यंत्र से इसका पूरा पता लग गया कि थोड़ी सी कुशलता से कार्य करने पर पुलिस के लिए पता पाना बड़ा कठिन है। वास्तव में उनके कुछ भाग्य ही अच्छे होते हैं। जब से इस मुकदमे की जाँच शुरू हुई, पुलिस ने इस प्रान्त के सन्दिग्ध क्रान्तिकारी व्यक्तियों पर दृष्टि डाली, उनसे मिली, बातचीत की। एक-दो को कुछ धमकी दी। 'चोर की दाढ़ी में तिनका' वाली जनश्रुति के अनुसार एक महाशय से पुलिस को सारा भेद मालूम हो गया। हम सब-के-सब चक्कर में थे कि इतनी जल्दी पुलिस ने मामले का पता कैसे लगा लिया। उक्त महाशय की ओर तो ध्यान भी न जा सकता था। पर

गिरफ्तारी के समय मुझसे तथा पुलिस के अफसर से जो बातें हुईं, उनमें पुलिस अफसर ने वे सब बातें मुझसे कहीं, जिनको मेरे तथा उक्त महाशय के अतिरिक्त कोई भी दूसरा जान ही न सकता था। और भी बड़े पक्के तथा बुद्धिगम्य प्रमाण मिल गए कि जिन बातों को उक्त महाशय जान सके थे, वे ही पुलिस जान सकी। जो बातें आपको मालूम न थीं, वे पुलिस को किसी प्रकार न मालूम हो सकीं। उन बातों से यह निश्चय हो गया कि यह काम उन्हीं महाशय का है। यदि ये महाशय पुलिस के हाथ न आते और भेद न खोल देते, तो पुलिस सिर पटककर रह जाती, कुछ भी पता न चलता। बिना दृढ़ प्रमाणों के भयंकर-से-भयंकर व्यक्ति पर हाथ रखने का साहस नहीं होता, क्योंकि जनता में आन्दोलन फैलने से बदनामी हो जाती है। सरकार पर जवाबदेही आती है। अधिक-से-अधिक दो-चार मनुष्य पकड़े जाते और अन्त में उन्हें भी छोड़ना पड़ता। परन्तु जब पुलिस को वास्तविक सूत्र हाथ आ गया, उसने अपनी सत्यता को प्रमाणित करने के लिए लिखा हुआ प्रमाण पुलिस को दे दिया। उस अवस्था में यदि पुलिस गिरफ्तारियाँ न करती तो फिर कब करती? जो भी हुआ, परमात्मा उनका भी भला करे। अपना तो जीवन भर यही उसूल रहा—

सताए तुझको जो कोई बेवफा 'बिस्मिल'
तो मुँह से कुछ न कहना आह! कर लेना।
हम शहीदाने वफा का दीनो इमां और है
सिजदे करते हैं हमेशा पाँव पर जल्लाद के।

मैंने इस अभियोग में जो भाग लिया अथवा जिनकी जिन्दगी की जिम्मेदारी मेरे सिर पर थी, उनमें से ज्यादा हिस्सा श्रीयुत अशफाक उल्ला खाँ वारसी का है। मैं अपनी कलम से उनके लिए भी अन्तिम समय में दो शब्द लिख देना अपना कर्तव्य समझता हूँ।

अशफाक

मुझे भली-भाँति याद है कि जब मैं बादशाही ऐलान के बाद शाहजहाँपुर आया था, तो मुझसे स्कूल में भेंट हुई थी। तुम्हारी मुझसे मिलने की बड़ी हार्दिक इच्छा थी। तुमने मुझसे मैनपुरी षड्यंत्र के सम्बन्ध में कुछ बातचीत करनी चाही थी। मैंने यह समझकर कि एक स्कूल का मुसलमान विद्यार्थी मुझसे इस प्रकार की बातचीत क्यों करता है, तुम्हारी बातों का उत्तर उपेक्षा की दृष्टि से दे दिया था। तुम्हें उस समय बड़ा खेद हुआ था। तुम्हारे मुख से हार्दिक भावों का प्रकाश हो रहा था। तुमने अपने इरादे को यों ही नहीं छोड़ दिया, अपने निश्चय पर डटे रहे। जिस प्रकार हो सका, कांग्रेस में बातचीत की। अपने इष्ट-मित्र द्वारा इस बात का विश्वास दिलाने की कोशिश की कि तुम बनावटी आदमी नहीं, तुम्हारे दिल में मुल्क की खिदमत करने की ख्वाहिश थी। अन्त में तुम्हारी विजय हुई। तुम्हारी कोशिशों ने मेरे दिल में जगह पैदा कर ली। तुम्हारे बड़े भाई मेरे उर्दू मिडिल के सहपाठी तथा मित्र थे, यह जानकर मुझे बड़ी प्रसन्नता हुई। थोड़े

दिनों में ही तुम मेरे छोटे भाई के समान हो गए थे, किन्तु छोटे भाई बनकर तुम्हें सन्तोष न हुआ। तुम समानता का अधिकार चाहते थे, तुम मित्र की श्रेणी में अपनी गणना चाहते थे। वही हुआ। तुम सच्चे मित्र बन गए। सबको आश्चर्य था कि एक कट्टर आर्य समाजी और मुसलमान का मेल कैसा? मैं मुसलमानों की शुद्धि करता था। आर्य समाज मन्दिर में मेरा निवास था, किन्तु तुम इन बातों की किंचितमात्र चिन्ता न करते थे। मेरे कुछ साथी तुम्हें मुसलमान होने के कारण घृणा की दृष्टि से देखते थे, किन्तु तुम अपने निश्चय पर दृढ़ थे। मेरे पास आर्य समाज मन्दिर में आते-जाते थे। हिन्दू-मुस्लिम झगड़ा होने पर तुम्हारे मुहल्ले के सब कोई तुम्हें खुल्लमखुल्ला गालियाँ देते थे, काफिर के नाम से पुकारते थे, पर तुम कभी भी उनके विचारों से सहमत न हुए। सदैव हिन्दू-मुस्लिम ऐक्य के पक्षपाती रहे। तुम एक सच्चे मुसलमान तथा सच्चे स्वदेश-भक्त थे। तुम्हें यदि जीवन में कोई विचार था, तो यही कि मुसलमानों को खुदा अक्ल देता कि वे हिन्दुओं के साथ मिल करके हिन्दुस्तान की भलाई करते। जब मैं हिन्दी में कोई लेख या पुस्तक लिखता तो तुम सदैव यही अनुरोध करते कि उर्दू में क्यों नहीं लिखते, जो मुसलमान भी पढ़ सकें? तुमने स्वदेश भक्ति के भावों को भली-भाँति समझने के लिए ही हिन्दी का अच्छा अध्ययन किया। अपने घर पर जब माताजी तथा भ्राताजी से बातचीत करते थे, तो तुम्हारे मुँह से हिन्दी शब्द निकल जाते थे, जिससे सबको बड़ा आश्चर्य होता था।

तुम्हारी इस प्रकार की प्रवृत्ति को देखकर बहुतों को सन्देह होता था कि कहीं इस्लाम धर्म त्याग कर शुद्धि न करा लो। पर

तुम्हारा हृदय तो किसी प्रकार अशुद्ध न था, फिर तुम शुद्धि किस वस्तु की कराते? तुम्हारी इस प्रकार की प्रगति ने मेरे हृदय पर पूर्ण विजय पा ली। बहुधा मित्र मंडली में बात छिड़ती कि कहीं मुसलमान पर विश्वास करके धोखा न खाना! तुम्हारी जीत हुई, मुझमें-तुममें कोई भेद न था। बहुधा मैंने-तुमने एक थाली में भोजन किया। मेरे हृदय से वह विचार ही जाता रहा कि हिन्दू-मुसलमान में कोई भेद है। तुम मुझ पर अटल विश्वास तथा अगाध प्रीति रखते थे। हाँ, तुम मेरा नाम लेकर पुकार नहीं सकते थे। तुम तो सदैव 'राम' कहा करते थे। एक समय जब तुम्हारे हृदयकंप (Palpitation of heart) का दौरा हुआ, तुम अचेत थे, तुम्हारे मुँह से बारम्बार 'राम', 'हाय राम' शब्द निकल रहे थे। पास खड़े हुए भाई-बान्धवों को आश्चर्य था कि 'राम', 'राम' कहता है। कहते कि 'अल्लाह', 'अल्लाह' कहो, पर तुम्हारी 'राम-राम' की रट थी। उसी समय किसी मित्र का आगमन हुआ, जो 'राम' के भेद को जानते थे। तुरन्त मैं बुलाया गया। मुझसे मिलने पर तुम्हें शान्ति हुई, तब सब लोग 'राम-राम' के भेद को समझे।

अन्त में इस प्रेम-प्रीति तथा मित्रता का परिणाम क्या हुआ? मेरे विचारों के रंग में तुम भी रँग गए। तुम भी कट्टर क्रान्तिकारी बन गए। अब तो तुम्हारा दिन-रात यही प्रयत्न था कि किस प्रकार मुसलमान नवयुवकों में भी क्रान्तिकारी भावों का प्रवेश हो। वे भी क्रान्तिकारी आन्दोलन में योगदान दें। जितने तुम्हारे बन्धु तथा मित्र थे, सब पर तुमने अपने विचारों का प्रभाव डालने का प्रयत्न किया। बहुधा क्रान्तिकारी सदस्यों को भी बड़ा आश्चर्य होता कि मैंने कैसे

एक मुसलमान को क्रान्तिकारी दल का प्रतिष्ठित सदस्य बना लिया। मेरे साथ तुमने जो कार्य किये, वे सराहनीय हैं। तुमने कभी भी मेरी आज्ञा की अवहेलना न की। एक आज्ञाकारी भक्त के समान मेरी आज्ञा-पालन में तत्पर रहते थे। तुम्हारा हृदय बड़ा विशाल था। तुम्हारे भाव बड़े उच्च थे।

मुझे यदि शान्ति है तो यही कि तुमने संसार में मेरा मुख उज्ज्वल कर दिया। भारत के इतिहास में यह घटना भी उल्लेखनीय हो गई कि अशफाक उल्ला ने क्रान्तिकारी आन्दोलन में योग दिया। अपने भाई-बन्धु तथा सम्बन्धियों के समझाने पर कुछ भी ध्यान न दिया। गिरफ्तार हो जाने पर भी अपने विचारों में दृढ़ रहे। जैसे तुम शारीरिक बलशाली थे, वैसे ही मानसिक वीर तथा आत्मा से उच्च सिद्ध हुए। इन सबके परिणामस्वरूप अदालत में तुमको मेरा सहकारी (लेफ्टिनेंट) ठहराया गया, और जज ने मुकदमे का फैसला लिखते समय तुम्हारे गले में जयमाला (फाँसी की रस्सी) पहना दी। प्यारे भाई, तुम्हें यह समझकर सन्तोष होगा कि जिसने अपने माता-पिता की धन-सम्पत्ति को देशसेवा में अर्पण करके उन्हें भिखारी बना दिया, जिसने अपने सहोदर के भावी भाग्य को भी देशसेवा की भेंट कर दिया, जिसने अपना तन-मन-धन मातृसेवा में अर्पण करके अपना अन्तिम बलिदान भी दे दिया, उसने अपने प्रिय सखा अशफाक को भी उसी मातृभूमि की भेंट चढ़ा दिया।

'असगर' हरीम इश्क में हस्ती ही जुर्म है,
रखना कभी न पाँव यहाँ सर लिये हुए।

फाँसी की कोठरी

अन्तिम समय निकट है। दो फाँसी की सजाएँ सिर पर झूल रही हैं। पुलिस को साधारण जीवन में और समाचार-पत्रों तथा पत्रिकाओं में खूब जी-भर के कोसा है। खुली अदालत में जज साहब, खुफिया पुलिस के अफसर, मजिस्ट्रेट, सरकारी वकील तथा सरदार को खूब आड़े हाथों लिया है। हरेक के दिल में मेरी बातें चुभ रही हैं। कोई दोस्त, आशना, अथवा यार मददगार नहीं, जिसका सहारा हो। एक परमपिता परमात्मा की याद है। गीता पाठ करते हुए सन्तोष है—

जो कुछ किया सो तैं किया, मैं खुद की हा नाहिं,
जहाँ कहीं कुछ मैं किया, तुम ही थे मुझ माहिं।
ब्रह्मण्याधाय कर्माणि संगं त्वक्त्वा करोति यः
लिप्यते न से पापेभ्योः पद्मपत्रमिवाभ्यसः

[भगवद्गीता /5/16]

'जो फल की इच्छा को त्याग करके कर्मों को ब्रह्म में अर्पण करके कर्म करता है, वह पाप से लिप्त नहीं होता। जिस प्रकार जल में रहकर भी कमलपत्र जलमय नहीं होता।' जीवनपर्यंत जो कुछ किया, स्वदेश की भलाई समझकर किया। यदि शरीर की पालना की तो इसी विचार से कि सुदृढ़ शरीर से भली प्रकार स्वदेश-सेवा हो सके। बड़े प्रयत्नों से यह शुभ दिन प्राप्त हुआ। संयुक्त प्रान्त में इस तुच्छ शरीर का ही सौभाग्य होगा जो सन् 1857 के गदर की

घटनाओं के पश्चात क्रान्तिकारी आन्दोलन के सम्बन्ध में इस प्रान्त के निवासी का पहला बलिदान मातृ-वेदी पर होगा।

सरकार की इच्छा है कि मुझे घोट-घोटकर मारे। इसी कारण इस गरमी की ऋतु से साढ़े तीन महीने बाद अपील की तारीख नियत की गई। साढ़े तीन महीने तक फाँसी की कोठरी में भूँजा गया। यह कोठरी पक्षी के पिंजरे से भी खराब है। गोरखपुर जेल में फाँसी की कोठरी मैदान में बनी है। किसी प्रकार की छाया निकट नहीं। प्रात:काल आठ बजे से रात्रि के आठ बजे तक सूर्य देवता की कृपा से तथा चारों ओर रेतीली जमीन होने से अग्नि-वर्षण होता रहता है। नौ फीट लम्बी तथा नौ फीट चौड़ी कोठरी में केवल छह फीट का लम्बा और दो फीट चौड़ा द्वार। पीछे की ओर जमीन से आठ या नौ फीट ऊँचाई पर एक-दो फीट लम्बी, एक फीट चौड़ी खिड़की है। इसी कोठरी में भोजन, स्नान, मल-मूत्र त्याग तथा शयनादि होता है। मच्छर अपनी मधुर ध्वनि रात भर सुनाया करते हैं। बड़े प्रयत्न से रात्रि में तीन या चार घंटे निद्रा आती है, किसी-किसी दिन एक-दो घंटे ही सोकर निर्वाह करना पड़ता है। मिट्टी के पात्रों में भोजन दिया जाता है। ओढ़ने-बिछाने के दो कम्बल मिले हैं। बड़े त्याग का जीवन है। साधना के सब साधन एकत्रित हैं। प्रत्येक क्षण शिक्षा दे रहा है—अन्तिम समय के लिए तैयार हो जाओ, परमात्मा का भजन करो।

मुझे तो इस कोठरी में बड़ा आनन्द आ रहा है। मेरी इच्छा थी कि किसी साधु की गुफा पर कुछ दिन निवास करके योगाभ्यास किया जाता। अन्तिम समय वह इच्छा भी पूर्ण हो गई। साधु की

गुफा न मिली तो क्या, साधना की गुफा तो मिल गई। इसी कोठरी में यह सुयोग प्राप्त हो गया कि अपनी कुछ अन्तिम बात लिखकर देशवासियों को अर्पण कर दूँ। सम्भव है कि मेरे जीवन के अध्ययन से किसी आत्मा का भला हो जाए। बड़ी कठिनता से यह शुभ अवसर प्राप्त हुआ।

महसूस हो रहे हैं बादे फना के झोंके,
खुलने लगे हैं मुझ पर असरार जिन्दगी के।
बारे अलम उठाया रंगे निशात देखा,
आए नहीं हैं यूँ ही अन्दाज बेहिसी के।
वफा पर दिल को सदके जान को नजरे जफा कर दे,
मुहब्बत में यह लाजिम है कि जो कुछ हो फिदा कर दे।

अब तो यही इच्छा है कि

बहे बहरे फना में जल्द या रब लाश 'बिस्मिल' की,
कि भूखी मछलियाँ हैं जौहरे शमशीर कातिल की।
समझकर फूँकता इसकी जरा ऐ दागे नाकामी,
बहुत से घर भी हैं आबाद इस उजड़े हुए दिल से।

परिणाम

ग्यारह वर्ष पर्यंत यथाशक्ति प्राणपण से चेष्टा करने पर भी इस अपने उद्‌देश्य में कहाँ तक सफल हुए? क्या लाभ हुआ? इसका

विचार करने से कुछ अधिक प्रयोजन सिद्ध न होगा, क्योंकि हमने लाभ-हानि अथवा जय-पराजय के विचार से क्रान्तिकारी दल में योग नहीं दिया था। हमने जो कुछ किया, वह अपना कर्तव्य समझकर किया। कर्तव्य-निर्णय में हमने कहाँ तक बुद्धिमत्ता से काम लिया, इसका विवेचन करना उचित जान पड़ता है। राजनीतिक दृष्टि से हमारे कार्यों का इतना ही मूल्य है कि कतिपय होनहार नवयुवकों के जीवन को कष्टमय बनाकर नीरस कर दिया और उन्हीं में से कुछ ने व्यर्थ में जान गँवाई। कुछ धन भी खर्च किया। हिन्दू शास्त्र के अनुसार किसी की अकाल मृत्यु नहीं होती, जिसका जिस विधि से जो काल होता है, वह उसी विधि व समय पर ही प्राण त्याग करता है। केवल निमित्त-मात्र कारण उपस्थित हो जाते हैं। लाखों भारतवासी महामारी, हैजा, ताऊन इत्यादि अनेक प्रकार के रोगों से मर जाते हैं। करोड़ों दुर्भिक्ष में अन्न बिना प्राण त्यागते हैं, तो उसका उत्तरदायित्व किस पर है? रह गया धन का व्यय, तो इतना धन तो भले आदमियों के विवाहोत्सवों में व्यय हो जाता है। गण्यमान्य व्यक्तियों की तो केवल विलासिता की सामग्री का मासिक व्यय होगा, जितना कि हमने एक षड्यंत्र के निर्माण में व्यय किया।

हम लोगों को डाकू बताकर फाँसी और कालेपानी की सजाएँ दी गई हैं। किन्तु हम समझते हैं कि वकील और डॉक्टर हमसे कहीं बड़े डाकू हैं। वकील-डॉक्टर दिन-दहाड़े बड़े-बड़े ताल्लुकेदारों की जायदादें लूटकर खा गए। वकीलों के चाटे हुए अवध के ताल्लुकेदारों को ढूँढ़े रास्ता भी दिखाई नहीं दे रहा और वकीलों की ऊँची अट्टालिकाएँ उन पर खिलखिलाकर हँस रही हैं। इस

प्रकार लखनऊ में डॉक्टरों के भी ऊँचे-ऊँचे महल बन गए। किन्तु राज्य में दिन के डाकुओं की प्रतिष्ठा है। अन्यथा रात के साधारण डाकुओं और दिन के इन डाकुओं (वकीलों तथा डॉक्टरों) में कोई भेद नहीं, दोनों अपने मतलब के लिए बुद्धि की कुशलता से प्रजा का धन लूटते हैं।

ऐतिहासिक दृष्टि से हम लोगों के कार्य का बहुत बड़ा मूल्य है। जिस प्रकार भी हो, यह तो मानना ही पड़ेगा कि गिरी हुई अवस्था में भी, भारतवासी युवकों के हृदय में स्वाधीन होने के भाव विराजमान हैं। वे स्वतंत्र होने की यथाशक्ति चेष्टा भी करते हैं। यदि परिस्थितियाँ अनुकूल होतीं तो यही इने-गिने नवयुवक अपने प्रयत्नों से संसार को चकित कर देते। उस समय भारतवासियों को भी फ्रांसीसियों की भाँति कहने का सौभाग्य प्राप्त होता, जो कि उस जाति के नवयुवकों ने फ्रांसीसी प्रजातंत्र की स्थापना करते हुए कहा था—The monument so raised, may serve as a lesson to the oppressors and an instance to the oppressed. अर्थात स्वाधीनता का जो स्मारक निर्माण किया गया है, वह अत्याचारियों के लिए शिक्षा का कार्य करे और अत्याचार पीड़ितों के लिए उदाहरण बने।

गाजी मुस्तफा कमालपाशा जिस समय तुर्की से भागे थे, उस समय केवल इक्कीस युवक आपके साथ थे। कोई साजो-सामान न था, मौत का वारंट पीछे-पीछे घूम रहा था। पर समय ने ऐसा पलटा खाया कि उसी कमाल ने अपने कमाल से संसार को आश्चर्यान्वित कर दिया। वही कातिल कमालपाशा तुर्की का भाग्य निर्माता बन

गया। महामना लेनिन को एक दिन शराब के पीपों में छिपकर भागना पड़ा था, नहीं तो मृत्यु में कुछ देर न थी। वही महात्मा लेनिन रूस के भाग्य विधाता बने। श्री शिवाजी डाकू और लुटेरे समझे जाते थे, पर समय आया जबकि हिन्दू जाति ने उन्हें अपना सिरमौर बना, गौ, ब्राह्मण-रक्षक छत्रपति शिवाजी बना दिया। भारत सरकार को भी अपने स्वार्थ के लिए छत्रपति के स्मारक निर्माण कराने पड़े। क्लाइव एक उद्दंड विद्यार्थी था, जो अपने जीवन से निराश हो चुका था। समय के फेर ने उसी उद्दंड विद्यार्थी को अँगरेजी जाति का राज्य स्थापनकर्ता लॉर्ड क्लाइव बना दिया। श्री सुनयात सेन चीन के अराजकवादी पलातक (भागे हुए) थे। समय ने उसी पलातक को चीनी प्रजातंत्र का सभापति बना दिया। सफलता ही मनुष्य के भाग्य का निर्माण करती है। असफल होने पर उसी को बर्बर, डाकू, अराजक, राजद्रोही तथा हत्यारे के नामों से विभूषित किया जाता है। सफलता उन्हीं सब नामों को बदलकर दयालु, प्रजापालक, न्यायकारी, प्रजातंत्रवादी तथा महात्मा बना देती है।

भारतवर्ष के इतिहास में हमारे प्रयत्नों का उल्लेख करना ही पड़ेगा, किन्तु इसमें भी कोई सन्देह नहीं है कि भारतवर्ष की राजनीतिक, धार्मिक तथा सामाजिक किसी प्रकार की परिस्थिति इस समय क्रान्तिकारी आन्दोलन के पक्ष में नहीं है। इसका कारण यही है कि भारतवासियों में शिक्षा का अभाव है। वे साधारण से साधारण सामाजिक उन्नति करने में भी असमर्थ हैं। फिर राजनीतिक क्रान्ति की बात कौन कहे? राजनीतिक क्रान्ति के लिए सर्वप्रथम क्रान्तिकारियों का संगठन ऐसा होना चाहिए कि अनेक विघ्न तथा

बाधाओं के उपस्थित होने पर भी संगठन में किसी प्रकार त्रुटि न आए। सब कार्य यथावत् चलते रहें। कार्यकर्ता इतने योग्य तथा पर्याप्त संख्या में होने चाहिए कि एक की अनुपस्थिति में दूसरा स्थानपूर्ति के लिए सदा उद्यत रहे। भारतवर्ष में कई बार कितने ही षड्यंत्रों का भंडा फूट गया और सब किया-कराया काम चौपट हो गया। जब क्रान्तिकारी दलों की यह अवस्था है तो फिर क्रान्ति के लिए उद्योग कौन करे? देशवासी इतने शिक्षित हों कि वे वर्तमान सरकार की नीति को समझकर अपने हानि-लाभ को जानने में समर्थ हो सकें। वे यह भी पूर्णतया समझते हों कि वर्तमान सरकार को हटाना आवश्यक है या नहीं। साथ-ही-साथ उनमें इतनी बुद्धि भी होनी चाहिए कि किस रीति से सरकार को हटाया जा सकता है। क्रान्तिकारी दल क्या है? वह क्या करना चाहता है? क्यों करना चाहता है? इन सारी बातों को जनता की अधिक संख्या समझ सके, क्रान्तिकारियों के साथ जनता की पूर्ण सहानुभूति हो, तब कहीं क्रान्तिकारी दल को देश में पैर रखने का स्थान मिल सकता है। यह तो क्रान्तिकारी दल की स्थापना की प्रारम्भिक बातें हैं। रह गई क्रान्ति, सो वह तो बहुत दूर की बात है।

क्रान्ति का नाम ही बड़ा भयंकर है। प्रत्येक प्रकार की क्रान्ति विपक्षियों को भयभीत कर देती है। जहाँ रात्रि होती है तो दिन का आगमन जान निशिचरों को दुख होता है। ठंडी जलवायु में रहनेवाले पशु-पक्षी गरमी के आने पर उस देश को भी त्याग देते हैं। फिर राजनीतिक क्रान्ति तो बड़ी भयावनी होती है। मनुष्य अभ्यासों का समूह है। अभ्यासों के अनुसार ही उसकी प्रकृति भी बन जाती है। उसके विपरीत जिस समय कोई बाधा उपस्थित होती है, तो उनको

भय प्रतीत होता है। इसके अतिरिक्त प्रत्येक सरकार के सहायक अमीर और जमींदार होते हैं, ये लोग कभी नहीं चाहते कि उनके ऐशो-आराम में किसी प्रकार की बाधा पड़े। इसलिए वे हमेशा क्रान्तिकारी आन्दोलन को नष्ट करने का प्रयत्न करते हैं। यदि किसी प्रकार दूसरे देशों की सहायता लेकर, समय पाकर क्रान्तिकारी दल क्रान्ति के उद्योग में सफल हो जाए, देश में क्रान्ति हो जाए तो भी योग्य नेता न होने से अराजकता फैलकर व्यर्थ ही नरहत्या होती है, और उस प्रयत्न में अनेक सुयोग्य वीरों तथा विद्वानों का नाश हो जाता है। इसका ज्वलन्त उदाहरण सन् 1857 का गदर है। यदि फ्रांस तथा अमरीका की भाँति क्रान्ति द्वारा राजतंत्र को पलटकर प्रजातंत्र स्थापित भी कर लिया जाए तो बड़े-बड़े धनी पुरुष अपने धन, बल से सब प्रकार के अधिकारों को दबा बैठते हैं। कार्यकारिणी समितियों में बड़े-बड़े अधिकार धनिकों को प्राप्त हो जाते हैं। देश के शासन में धनिकों का मत ही उच्च आदर पाता है। धन-बल से देश के समाचार-पत्रों, कल-कारखानों तथा खानों पर उनका ही अधिकार हो जाता है। मजबूरन जनता की अधिक संख्या धनिकों का समर्थन करने को बाध्य हो जाती है। जो दिमागवाले होते हैं, वे भी समय पाकर बुद्धिबल से जनता की खरी कमाई से प्राप्त किये अधिकारों को हड़प कर बैठते हैं। स्वार्थ के वशीभूत होकर वे श्रमजीवियों तथा कृषकों को उन्नति का अवसर नहीं देते। अन्त में ये लोग भी धनिकों के पक्षपाती होकर राजतंत्र के स्थान में धनिकतंत्र की ही स्थापना करते हैं। रूसी क्रान्ति के पश्चात यही हुआ था। रूस के क्रान्तिकारी इस बात को पहले से ही जानते थे। अतएव उन्होंने राज्य-सत्ता के

विरुद्ध युद्ध करके राजतंत्र की समाप्ति की। इसके बाद जैसे ही धनी तथा बुद्धिजीवियों ने रोड़ा अटकाना चाहा कि उसी समय उनसे भी युद्ध करके उन्होंने वास्तविक प्रजातंत्र की स्थापना की।

अब विचारने की बात यह है कि भारतवर्ष में क्रान्तिकारी आन्दोलन के समर्थक कौन-कौन से साधन मौजूद हैं? पूर्व पृष्ठों में मैंने अपने अनुभवों का उल्लेख करके दिखला दिया है कि समिति के सदस्यों की उदर-पूर्ति तक के लिए कितना कष्ट उठाना पड़ा। प्राणपण से चेष्टा करने पर भी असहयोग आन्दोलन के पश्चात कुछ थोड़े से ही गिने-चुने युवक युक्त प्रान्त में ऐसे मिल सके, जो क्रान्तिकारी आन्दोलन का समर्थन करके सहायता देने को उद्यत हुए। इन गिने-चुने व्यक्तियों में भी हार्दिक सहानुभूति रखनेवाले, अपनी जान पर खेल जानेवाले कितने थे, उसका कहना ही क्या है! कैसी बड़ी-बड़ी आशाएँ बँधाकर इन व्यक्तियों को क्रान्तिकारी समिति का सदस्य बनाया गया था, और इस अवस्था में, जबकि असहयोगियों ने सरकार की ओर से घृणा उत्पन्न कराने में कोई कसर न छोड़ी थी, खुले रूप में राज्यद्रोही बातों का पूर्ण प्रचार किया गया था। इस पर भी बोल्शेविक सहायता की आशाएँ बँधा-बँधाकर तथा क्रान्तिकारियों को ऊँचे-ऊँचे आदर्शों तथा बलिदानों का उदाहरण दे-देकर प्रोत्साहन दिया जाता था। नवयुवकों के हृदय में क्रान्तिकारियों के प्रति बड़ा प्रेम तथा श्रद्धा होती है। उनकी अस्त्र-शस्त्र रखने की स्वाभाविक इच्छा तथा रिवॉल्वर या पिस्तौल से प्राकृतिक प्रेम उन्हें क्रान्तिकारी दल से सहानुभूति उत्पन्न करा देता है। मैंने अपने क्रान्तिकारी जीवन में एक भी युवक ऐसा न देखा, जो एक रिवॉल्वर या पिस्तौल अपने पास

रखने की इच्छा न रखता हो। जिस समय उन्हें रिवॉल्वर के दर्शन होते हैं, वे समझते हैं कि इष्टदेव के दर्शन प्राप्त हुए, आधा जीवन सफल हो गया। उसी समय से वे समझते हैं कि क्रान्तिकारी दल के पास इस प्रकार के सहस्त्रों अस्त्र होंगे, तभी तो इतनी बड़ी सरकार से युद्ध करने का प्रयत्न कर रहे हैं। सोचते हैं कि धन की भी कोई कमी न होगी। अब क्या, अब समिति के व्यय से देश-भ्रमण का अवसर भी प्राप्त होगा, बड़े-बड़े त्यागी, महात्माओं के दर्शन होंगे, सरकारी गुप्तचर विभाग का भी हाल मालूम हो सकेगा, सरकार द्वारा जब्त किताबें कुछ तो पहले ही पढ़ा दी जाती हैं, रही-सही की भी आशा रहती है कि बड़ा उच्च साहित्य देखने को मिलेगा, जो यों कभी प्राप्त नहीं हो सकता। साथ-ही-साथ खयाल होता है कि क्रान्तिकारियों ने देश के राजा-महाराजाओं को तो अपने पक्ष में कर ही लिया होगा। अब क्या, थोड़े दिन की ही कसर है, लौटा दिया सरकार का राज्य! बम बनाना सीख ही जाएँगे। अमर बूटी प्राप्त हो जाएगी, इत्यादि। परन्तु जैसे ही एक युवक क्रान्तिकारी दल का सदस्य बनकर हार्दिक प्रेम से समिति के कार्यों में योग देता है, थोड़े दिनों में ही उसे विशेष सदस्य होने के अधिकार प्राप्त होते हैं, वह एक्टिव (कार्यशील) मेंबर बनता है, उसे संस्था का कुछ असली भेद मालूम होता है, तब समझ में आता है कि कैसे भीषण कार्य में उसने हाथ डाला है। फिर तो वही दशा हो जाती है, जो 'नकटा पंथ' के सदस्यों की थी। जब चारों ओर से असफलता तथा अविश्वास की घटाएँ दिखाई देती हैं, तब यही विचार होता है कि ऐसे दुर्गम पथ में ये परिणाम तो होते ही हैं। दूसरे देश के

क्रान्तिकारियों के मार्ग में भी ऐसी ही बाधाएँ उपस्थित हुई होंगी। वीर वही कहलाता है जो अपने लक्ष्य को नहीं छोड़ता, इसी प्रकार की बातों से मन को शान्त किया जाता है। भारत के जनसाधारण की तो कोई बात ही नहीं। अधिकांश शिक्षित समुदाय भी यह नहीं जानता कि क्रान्तिकारी दल क्या चीज है, फिर उनसे सहानुभूति कौन रखे? बिना देशवासियों की सहानुभूति के अथवा बिना जनता की आवाज के सरकार भी किसी बात की कुछ चिन्ता नहीं करती। दो-चार पढ़े-लिखे एक-दो अँगरेजी अखबार में दबे हुए शब्दों में यदि दो-एक लेख लिख दें, तो वे अरण्यरोदन के समान निष्फल सिद्ध होते हैं। उनकी ध्वनि व्यर्थ में ही आकाश में विलीन हो जाती है। तमाम बातों को देखकर अब तो मैं इस निर्णय पर पहुँचा हूँ कि अच्छा हुआ जो मैं गिरफ्तार हो गया और भागा नहीं। भागने की मुझे सुविधाएँ थीं। गिरफ्तारी से पहले ही मुझे अपनी गिरफ्तारी का पूरा पता चल गया था। गिरफ्तारी के पूर्व भी यदि इच्छा करता तो पुलिसवालों को मेरी हवा भी न मिलती, किन्तु मुझे तो अपनी शक्ति की परीक्षा करनी थी। गिरफ्तारी के बाद सड़क पर आध घंटे तक बिना किसी बन्धन के घूमता रहा। पुलिसवाले शान्तिपूर्वक बैठे हुए थे। जब पुलिस कोतवाली में पहुँचा, दोपहर के समय पुलिस कोतवाली के दफ्तर में बिना किसी बन्धन के खुला बैठा हुआ था। केवल एक सिपाही निगरानी के लिए पास बैठा हुआ था, जो रात भर का जागा था। सब पुलिस अफसर भी रात भर के जागे हुए थे, क्योंकि गिरफ्तारियों में लगे रहे थे। सब आराम करने चले गए थे। निगरानीवाला सिपाही भी घोर निद्रा में सो गया। दफ्तर में केवल एक

मुंशी लिखा-पढ़ी कर रहा था। यह भी श्रीयुत रोशनसिंह अभियुक्त के फूफीजात भाई थे। यदि मैं चाहता तो धीरे से उठकर चल देता। पर मैंने विचारा कि मुंशीजी महाशय बुरे फँसेंगे।

मैंने मुंशीजी को बुलाकर कहा कि यदि भावी आपत्ति के लिए तैयार हो तो मैं जाऊँ। वे मुझे पहले से जानते थे। पैरों पड़ गए कि गिरफ्तार हो जाऊँगा, बाल-बच्चे भूखों मर जाएँगे। मुझे दया आ गई। एक घंटे बाद श्री अशफाक उल्ला खाँ के मकान की तलाशी लेकर पुलिसवाले लौटे। श्री अशफाक उल्ला खाँ के भाई की कारतूसी बन्दूक और कारतूसों की भरी हुई पेटी लाकर उन्हीं मुंशीजी के पास रख दी गई और मैं पास ही कुर्सी पर खुला हुआ बैठा था। केवल एक सिपाही खाली हाथ पास में खड़ा था। इच्छा हुई कि बन्दूक उठाकर कारतूसों की पेटी गले में डाल लूँ, फिर कौन सामने आता है! पर फिर सोचा कि मुंशीजी पर आपत्ति आएगी, विश्वासघात करना ठीक नहीं। उस समय खुफिया पुलिस के डिप्टी सुपरिंटेंडेंट सामने छत पर आए। उन्होंने देखा कि मेरे एक ओर कारतूस तथा बन्दूक पड़ी है, दूसरी ओर श्रीयुत प्रेमकृष्ण का माउजर पिस्तौल तथा कारतूस रखे हैं, क्योंकि सब चीजें मुंशीजी के पास आकर जमा होती थीं और मैं बिना किसी बन्धन के बीच में खुला हुआ बैठा हूँ। डिप्टी सुपरिंटेंडेंट को तुरन्त सन्देह हुआ, उन्होंने बन्दूक तथा पिस्तौल को वहाँ से हटवाकर मालखाने में बन्द करवाया। निश्चय किया कि अब भाग चलूँ। पाखाने के बहाने से बाहर निकाला गया। एक सिपाही कोतवाली से बाहर दूसरे स्थान में शौच के निमित्त लिवा गया। दूसरे सिपाहियों ने उससे बहुत कुछ कहा कि रस्सी डाल लो।

उसने कहा, मुझे विश्वास है यह भागेंगे नहीं। पाखाना नितान्त निर्जन स्थान में था। मुझे पाखाने भेजकर वह सिपाही खड़े होकर सामने कुश्ती देखने लगा। मैंने दीवार पर पैर रखा और चढ़कर देखा कि सिपाही महोदय कुश्ती देखने में मस्त हैं। हाथ बढ़ाते ही दीवार के ऊपर और एक क्षण में बाहर हो जाता, फिर मुझे कौन पाता? किन्तु तुरन्त विचार आया कि जिस सिपाही ने विश्वास करके तुम्हें इतनी स्वतंत्रता दी, उसके साथ विश्वासघात करके भागकर उसको जेल में डालोगे? क्या यह अच्छा होगा? उसके बाल-बच्चे क्या कहेंगे? इस भाव ने हृदय पर एक ठोकर लगाई। एक ठंडी साँस भरी, दीवार से उतरकर बाहर आया, सिपाही महोदय को साथ लेकर कोतवाली की हवालात में आकर बन्द हो गया।

लखनऊ जेल में काकोरी के अभियुक्तों को बड़ी भारी आजादी थी। राय साहब पं. चम्पालाल जेलर की कृपा से हम कभी न समझ सके कि जेल में हैं या किसी रिश्तेदार के यहाँ मेहमानी कर रहे हैं। जैसे माता-पिता से छोटे-छोटे लड़के बात-बात पर बिगड़ जाते हैं, यही हमारा हाल था। हम लोग जेलवालों से बात-बात पर ऐंठ जाते। पं. चंपालाल जी का ऐसा हृदय था कि वे हम लोगों से अपनी सन्तान से भी अधिक प्रेम करते थे। हममें से किसी को जरा सा कष्ट होता था, तो उन्हें बड़ा दुख होता था। हमारे तनिक से कष्ट को भी वह स्वयं न देख सकते थे। और हम लोग ही क्यों, उनके जेल में किसी कैदी या सिपाही, जमादार या मुंशी किसी को भी कोई कष्ट नहीं। सब बड़े प्रसन्न रहते थे। इसके अतिरिक्त मेरी दिनचर्या तथा नियमों का पालन देखकर पहरे के सिपाही अपने गुरु

से भी अधिक मेरा सम्मान करते थे। मैं यथानियम जाड़े, गरमी तथा बरसात में प्रात:काल तीन बजे से उठकर संध्यादि से निवृत्त हो नित्य हवन भी करता था। प्रत्येक पहरे का सिपाही देवता के समान मेरा पूजन करता था। यदि किसी के बाल-बच्चे को कष्ट होता था, तो वह हवन की भभूत ले जाता था। कोई जंत्र माँगता था। उनके विश्वास के कारण उन्हें आराम भी होता था, तब उनकी श्रद्धा और भी बढ़ जाती थी। परिणामस्वरूप जेल से निकल जाने का पूरा प्रबन्ध कर लिया। जिस समय चाहता, चुपचाप निकल जाता। एक रात्रि को तैयार होकर उठ खड़ा हुआ। बैरक के नम्बरदार तो मेरे सहारे पहरा देते थे। जब जी में आता सोते, जब इच्छा होती बैठ जाते, क्योंकि वे जानते थे कि यदि सिपाही या जमादार सुपरिंटेंडेंट के सामने जेल में पेश करना चाहेंगे, तो मैं बचा लूँगा। सिपाही तो कोई चिन्ता ही न करते थे। चारों ओर शान्ति थी। केवल इतना प्रयत्न करना था कि लोहे की कटी सलाखों को उठाकर बाहर हो जाऊँ। चार महीने पहले से लोहे की सलाखें काट ली थीं। काटकर वे ऐसे ढंग से जमा दी थीं कि सलाखें धोई गईं, रंगत लगवाई गई, तीसरे दिन झाड़ी जातीं, आठवें दिन हथौड़े से ठोंकी जातीं और जेल के अधिकारी नित्य प्रति सायंकाल घूमकर सब ओर दृष्टि डाल जाते थे, पर किसी को कोई पता न चला। जैसे ही मैं जेल से भागने का विचार करके उठा था, ध्यान आया कि जिन पं. चम्पालाल की कृपा से सब प्रकार के आनन्द भोगने की स्वतंत्रता जेल में प्राप्त हुई, उनके बुढ़ापे में, जबकि थोड़ा सा समय ही उनकी पेंशन के लिए बाकी है, क्या उन्हीं के साथ विश्वासघात करके निकल भागूँ? सोचा, जीवन भर किसी

के साथ विश्वासघात न किया। अब्र भी विश्वासघात न करूँगा। उस समय मुझे यह भली-भाँति मालूम हो चुका था कि मुझे फाँसी की सजा होगी, पर उपरोक्त बात सोचकर भागना स्थगित कर दिया। ये सब बातें चाहे प्रलाप ही क्यों न मालूम हों, किन्तु सब अक्षरशः सत्य हैं, सबके प्रमाण विद्यमान हैं।

मैं इस समय इस परिणाम पर पहुँचा हूँ कि हम लोगों ने प्राणपण से जनता को शिक्षित बनाने में पूर्ण प्रयत्न किया होता, तो हमारा उद्योग क्रान्तिकारी आन्दोलन से कहीं अधिक लाभदायक होता, जिसका परिणाम स्थायी होता। अति उत्तम होगा यदि भारत की भावी सन्तान तथा नवयुवकवृन्द क्रान्तिकारी संगठन बनाने की अपेक्षा जनता की प्रवृत्ति को देशसेवा की ओर लगाने का प्रयत्न करें और श्रमजीवी तथा कृषकों का संगठन करके उनको जमींदारों तथा रईसों के अत्याचारों से बचाएँ। भारतवर्ष के रईस तथा जमींदार सरकार के पक्षपाती हैं। मध्य श्रेणी के लोग किसी-न-किसी प्रकार इन्हीं तीनों के आश्रित हैं। कोई तो नौकरपेशा हैं और जो कोई व्यवसाय भी करते हैं, उन्हें भी इन्हीं के मुँह की ओर ताकना पड़ता है। रह गए श्रमजीवी तथा कृषक—सो उनको उदर-पूर्ति के उद्योग से ही समय नहीं मिलता, जो धर्म, समाज तथा राजनीति की ओर कुछ ध्यान दे सकें। मद्यपानादि दुर्व्यसनों के कारण उनका आचरण भी ठीक नहीं रह सकता। व्यभिचार, सन्तान-वृद्धि, अल्पायु में मृत्यु तथा अनेक प्रकार के रोगों से जीवन भर उनकी मुक्ति नहीं हो सकती। कृषकों में उद्योग का तो नाम भी नहीं पाया जाता। यदि एक किसान को जमींदार की मजदूरी करने या हल चलाने की नौकरी करने पर

ग्राम में आज से बीस वर्ष पूर्व दो आने रोज या चार रुपये मासिक वेतन मिलता था, तो आज भी वही वेतन बँधा चला आ रहा है। बीस वर्ष पूर्व वह अकेला था, अब उसकी स्त्री तथा चार सन्तानें भी हैं। पर उसी वेतन में उसे निर्वाह करना पड़ता है। उसे उसी पर सन्तोष करना पड़ता है। सारे दिन जेठ की लू तथा धूप में गन्ने के खेत में पानी देते-देते उसको रतौंधी आने लगती है। अँधेरा होते ही आँख से दिखाई नहीं देता, पर उसके बदले में आधा सेर सड़े हुए शीरे का शरबत या आधा सेर चना तथा छह पैसे रोज मजदूरी मिलती है,उसमें ही उसे अपने परिवार का पेट पालना पड़ता है।

जिसके हृदय में भारतवर्ष की सेवा के भाव उपस्थित हों, या जो भारतभूमि को स्वतंत्र देखने या स्वाधीन बनाने की इच्छा रखता हो, उसे उचित है कि ग्रामीण संगठन करके कृषकों की दशा सुधारकर, उनके हृदय से भाग्य-निर्भरता को हटाकर उद्योगी बनने की शिक्षा दे। कल-कारखाने, रेलवे, जहाज तथा खानों में जहाँ कहीं श्रमजीवी हों, उनकी दशा सुधारने के लिए श्रमजीवियों के संघ की स्थापना की जाए, ताकि उनको अपनी अवस्था का ज्ञान हो सके और कारखानों के मालिक मनमाने अत्याचार न कर सकें और अछूतों को, जिनकी संख्या इस देश में लगभग छह करोड़ है, पर्याप्त शिक्षा प्राप्त कराने का प्रबन्ध हो तथा उनको सामाजिक अधिकारों में समानता मिले। जिस देश में छह करोड़ मनुष्य अछूत समझे जाते हों, उस देश के वासियों को स्वाधीन बनाने का अधिकार ही क्या है? इसी के साथ-ही-साथ स्त्रियों की दशा भी इतनी सुधारी जाए कि वे अपने-आप को मनुष्य जाति का अंग समझने लगें। वे पैर

की जूती तथा घर की गुड़िया न समझी जाएँ। इतने कार्य हो जाने के बाद जब भारत की जनता का अधिकांश भाग शिक्षित हो जाएगा, वे अपनी भलाई-बुराई समझने के योग्य हो जाएँगे, उस समय प्रत्येक आन्दोलन, जिसका शिक्षित जनता समर्थन करेगी, अवश्य सफल होगा। संसार की बड़ी-से-बड़ी शक्ति भी उसको दबाने में समर्थ न हो सकेगी। रूस में जब तक किसान संगठन नहीं हुआ, रूसी सरकार की ओर से देश-सेवकों पर मनमाने अत्याचार होते रहे। जिस समय से 'केथोराइन' ने ग्रामीण-संगठन का कार्य अपने हाथ में लिया, स्थान-स्थान पर कृषक-सुधारक संघों की स्थापना की, घूम-घूमकर रूस के युवक तथा युवतियों ने जारशाही के विरुद्ध प्रचार आरम्भ किया, तभी से किसानों को अपनी वास्तविक अवस्था का ज्ञान होने लगा और वे अपने मित्र तथा शत्रु को समझने लगे, उसी समय से जारशाही की नींव हिलने लगी। श्रमजीवियों के संघ भी स्थापित हुए। रूस में हड़तालों का आरम्भ हुआ। उसी समय से जनता की प्रवृत्ति को देखकर मदान्धों के नेत्र खुल गए।

भारतवर्ष में सबसे अधिक कमी यही है कि इस देश के युवकों में शहरी जीवन व्यतीत करने की बान पड़ गई है। युवक-वृन्द साफ-सुथरे कपड़े पहनने, पक्की सड़कों पर चलने, मीठा-खट्टा तथा चटपटा भोजन करने, विदेशी सामग्री से सुसज्जित बाजारों में घूमने, मेज-कुर्सी पर बैठने तथा विलासिता में फँसे रहने के आदी हो गए हैं। ग्रामीण जीवन को वे नितान्त नीरस तथा शुष्क समझते हैं। उनकी समझ में ग्रामों में अर्धसभ्य या जंगली लोग निवास करते हैं। यदि कभी किसी अंग्रेजी स्कूल या कॉलेज में पढ़नेवाला विद्यार्थी

किसी कार्यवश अपने किसी सम्बन्धी के यहाँ ग्राम में पहुँच जाता है। वह या तो कोई उपन्यास साथ ले जाता है, जिसे अलग बैठे पढ़ा करता है या पड़े-पड़े सोया करता है। किसी ग्रामवासी से बातचीत करने से उसका दिमाग थक जाता है, या उससे बातचीत करना वह अपनी शान के खिलाफ समझता है। ग्रामवासी जमींदार या रईस, जो अपने लड़कों को अँगरेजी पढ़ाते हैं, उनकी भी यही इच्छा रहती है कि जिस प्रकार हो सके, उनके लड़के कोई सरकारी नौकरी पा जाएँ। ग्रामीण बालक जिस समय शहर में पहुँचकर शहरी शान को देखते हैं, इतनी बुरी तरह से उन पर फैशन का भूत सवार हो जाता है कि उनके मुकाबले फैशन बनाने की चिन्ता किसी को भी नहीं। थोड़े दिनों में उनके आचरण पर भी इसका प्रभाव पड़ता है और वे स्कूल के गंदे लड़कों के हाथ में पड़कर बड़ी बुरी-बुरी कुटेवों के घर बन जाते हैं। उनसे जीवनपर्यंत अपना ही सुधार नहीं हो पाता। फिर वे ग्रामवासियों का सुधार क्या खाक कर सकेंगे?

असहयोग आन्दोलन में कार्यकर्ताओं की इतनी अधिक संख्या होने पर भी सब-के-सब शहर के प्लेटफार्मों पर लेक्चरबाजी करना ही अपना कर्तव्य समझते थे। ऐसे बहुत थोड़े कार्यकर्ता थे, जिन्होंने ग्रामों में कुछ कार्य किया। उनमें भी अधिकतर ऐसे थे, जो केवल हुल्लड़ कराने में ही देशोद्धार समझते थे। परिणाम यह हुआ कि आन्दोलन में थोड़ी सी शिथिलता आते ही सब कार्य अस्त-व्यस्त हो गया। इसी कारण महामना देशबन्धु चितरंजनदास ने अन्तिम समय में ग्राम-संगठन को ही अपने जीवन का ध्येय बनाया था। मेरे विचार से ग्राम-संगठन की सबसे सुगम रीति यही

हो सकती है कि युवकों में शहरी जीवन छोड़कर ग्रामीण जीवन के प्रति प्रीति उत्पन्न हो। जो युवक मिडिल, एंट्रेंस, एफ.ए., बी.ए. पास करने में हजारों रुपये नष्ट करके दस, पन्द्रह, बीस या तीस रुपये की नौकरी के लिए ठोकरें खाते फिरते हैं, उन्हें नौकरी का आसरा छोड़कर कोई उद्योग, जैसे बढ़ईगीरी, लुहारगीरी, दर्जी का काम, धोबी का काम, जूते बनाना, कपड़ा बुनना, मकान बनाना, राजगीरी इत्यादि सीख लेना चाहिए। यदि जरा साफ-सुथरे रहना हो तो वैद्यक सीखें। किसी बड़े ग्राम या कस्बे में जाकर काम शुरू करें। उपरोक्त कामों में से कोई काम भी ऐसा नहीं है, जिसमें चार या पाँच घंटा मेहनत करके तीस रुपये मासिक की आय न हो जाए। ग्राम में तीस रुपये मासिक शहर के साठ रुपये से अधिक हैं, क्योंकि ग्राम में लकड़ी या कपड़ों का मूल्य बहुत कम होता है और यदि किसी जमींदार की कृपा हो गई और एक सूखा हुआ वृक्ष कटवा दिया तो छह महीने के लिए ईंधन की छुट्टी हो गई। शुद्ध घी, दूध सस्ते दामों में मिल जाता है और स्वयं एक या दो गाय या भैंस पाल ली, तब तो आम के आम गुठलियों के दाम ही मिल गए। चारा सस्ता मिलता है। घी-दूध बाल-बच्चे खाते हैं। कंडों का ईंधन होता है और यदि किसी की कृपा हो गई तो फसल पर एक या दो भुस की गाड़ी बिना मूल्य ही मिल जाती हैं। अधिकतर कामकाजियों को गाँव में चारा, लकड़ी के लिए पैसा खर्च नहीं करना पड़ता। हजारों अच्छे-अच्छे ग्राम हैं, जिनमें वैद्य, दर्जी, धोबी निवास ही नहीं करते। उन ग्रामों के लोगों को दस-बीस कोस दूर दौड़ना पड़ता है। वे इतने दुखी होते हैं कि जिसका अनुमान करना

कठिन है। विवाह आदि के अवसरों पर यथासमय कपड़े नहीं मिलते। काष्टादिक औषधियाँ बड़े-बड़े कस्बों में नहीं मिलतीं। यदि मामूली अत्तार बनकर ही कस्बे में बैठ जाएँ, और दो-चार किताबें देखकर ही औषधि दिया करें तो भी तीस-चालीस रुपये मासिक की आय तो कहीं गई ही नहीं। इस प्रकार उदर निर्वाह तथा परिवार का प्रबन्ध हो जाता है।

ग्रामों की अधिक जनसंख्या से परिचय हो जाता है। परिचय ही नहीं, जिसका एक समय जरूरत पर काम निकल गया, वह आभारी हो जाता है। उसकी आँख नीची रहती है। आवश्यकता पड़ने पर वह तुरन्त सहायक होता है। ग्राम में कौन ऐसा पुरुष है जिसका लुहार, बढ़ई, धोबी, दर्जी, कुम्हार या वैद्य से काम नहीं पड़ता? मेरा पूर्ण अनुभव है कि इन लोगों की भले-भले ग्रामवासी खुशामद करते रहते हैं। रोजाना काम पड़ते रहने से और सम्बन्ध होने से यदि थोड़ी सी चेष्टा की जाए और ग्रामवासियों को थोड़ा सा उपदेश देकर उनकी दशा सुधारने का प्रयत्न किया जाए तो बड़ी जल्दी काम बने। अल्प समय में ही वे सच्चे स्वदेश भक्त खद्दरधारी बन जाएँ। यदि उनमें एक-दो शिक्षित हों तो उत्साहित करके उनके पास एक समाचार-पत्र मँगाने का प्रबन्ध कर दिया जाए। देश की दशा का भी उन्हें कुछ ज्ञान होता रहे। इसी तरह सरल-सरल पुस्तकों की कथाएँ सुनाकर उनमें से कुप्रथाओं को भी छुड़ाया जा सकता है। कभी-कभी स्वयं रामायण या भागवत की कथा भी सुनाया करें। यदि नियमित रूप से भागवत की कथा कहें तो पर्याप्त धन भी चढ़ावे में आ सकता है, जिससे एक पुस्तकालय स्थापित कर

दें। कथा कहने के अवसर पर बीच-बीच में चाहे कितनी राजनीति का समावेश कर जाए, कोई खुफिया पुलिस का रिपोर्टर नहीं बैठा जो रिपोर्ट करे। वैसे यदि कोई खद्दरधारी ग्राम में उपदेश करना चाहे तो तुरन्त ही जमींदार पुलिस में खबर कर दे और यदि कस्बे में वैद्य, लड़के पढ़ानेवाले अथवा कथा कहनेवाले पंडित कोई बात कहें तो सब चुपचाप सुनकर उस पर अमल करने की कोशिश करते हैं और उन्हें कोई पूछता भी नहीं। इसी प्रकार अनेक सुविधाएँ मिल सकती हैं, जिनके सहारे ग्रामीणों की सामाजिक दशा सुधारी जा सकती है। रात्रि पाठशालाएँ खोलकर निर्धन तथा अछूत जातियों के बालकों को शिक्षा दे सकते हैं। श्रमजीवी संघ स्थापित करने में शहरी जीवन तो व्यतीत हो सकता है, किन्तु इसके लिए उनके साथ अधिक समय खर्च करना पड़ेगा। जिस समय वे अपने-अपने काम से छुट्टी पाकर आराम करते हैं, उस समय उनके साथ वार्तालाप करके मनोहर उपदेशों द्वारा उनको उनकी दशा का दिग्दर्शन कराने का अवसर मिल सकता है। इन लोगों के पास वक्त बहुत कम होता है। इसलिए बेहतर यही होगा कि चित्ताकर्षक साधनों द्वारा किसी उपदेश करने की रीति से, जैसे लालटेन द्वारा तसवीरें दिखाकर या किसी दूसरे उपाय से उनको एक स्थान पर एकत्रित किया जाए तथा रात्रि पाठशालाएँ खोलकर उन्हें तथा उनके बच्चों को शिक्षा देने का भी प्रबन्ध किया जाए। जितने युवक उच्च शिक्षा प्राप्त करके व्यर्थ में धन व्यय करने की इच्छा रखते हैं, उनके लिए उचित है कि वे अधिक-से-अधिक अँगरेजी के दसवें दरजे तक की योग्यता प्राप्त कर किसी कला-कौशल के सीखने का प्रयत्न करें और उस

कला-कौशल द्वारा ही अपना जीवन निर्वाह करें।

जो धनी-मानी स्वदेश-सेवार्थ बड़े-बड़े विद्यालयों तथा पाठशालाओं की स्थापना करते हैं, उनको चाहिए कि विद्यापीठों के साथ-साथ उद्योगपीठ, शिल्पविद्यालय तथा कला-कौशल भवनों की स्थापना भी करें। इन विद्यालयों के विद्यार्थियों को नेतागिरी के लोभ से बचाया जाए। विद्यार्थियों का जीवन सादा हो और विचार उच्च हों। इन्हीं विद्यालयों में एक-एक उपदेशक विभाग भी हो, जिसमें विद्यार्थी प्रचार करने का ढंग सीख सकें। जिन युवकों के हृदय में स्वदेश सेवा का भाव हो, उन्हें कष्ट सहन करने की आदत डालकर सुसंगठित रूप से ऐसा कार्य करना चाहिए, जिसका परिणाम स्थायी हो। कैथेराइन ने इसी प्रकार कार्य किया था। उदर-पूर्ति के निमित्त कैथेराइन के अनुयायी ग्रामों में जाकर कपड़े सीते या जूते बनाते और रात्रि के समय किसानों को उपदेश देते थे। जिस समय से मैंने कैथेराइन की जीवनी (The Little Grandmother of the Russian Revolution) का अँगरेजी भाषा में अध्ययन किया, मुझ पर उसका प्रभाव हुआ। मैंने तुरन्त उनकी जीवनी 'कैथेराइन' नाम से हिन्दी नें प्रकाशित कराई। मैं भी उसी प्रकार काम करना चाहता था, पर बीच में ही क्रान्तिकारी दल में फँस गया। मेरा तो अब यह दृढ़ निश्चय हो गया है कि अभी पचास वर्ष तक क्रान्तिकारी दल को भारतवर्ष में सफलता नहीं मिल सकती, क्योंकि यहाँ की स्थिति उसके उपयुक्त नहीं। अतएव क्रान्तिकारी दल का संगठन करके व्यर्थ में नवयुवकों के जीवन को नष्ट करना और शक्ति का दुरुपयोग करना आदि बड़ी भारी भूलें हैं। इससे लाभ के स्थान में हानि की सम्भावना बहुत

अधिक है। नवयुवकों को मेरा अन्तिम सन्देश यही है कि वे रिवॉल्वर या पिस्तौल को अपने पास रखने की इच्छा को त्यागकर सच्चे देशसेवक बनें। पूर्ण स्वाधीनता उनका ध्येय हो और वे वास्तविक साम्यवादी बनने का प्रयत्न करते रहें। फल की इच्छा छोड़कर सच्चे प्रेम से कार्य करें, परमात्मा सदैव ही उनका भला करेगा।

यदि देशहित मरना पड़े मुझको सहस्रों बार भी
तो भी न मैं इस कष्ट को निज ध्यान में लाऊँ कभी
हे ईश भारतवर्ष में शत बार मेरा जन्म हो,
कारण सदा ही मृत्यु का देशोपकारक कर्म हो।

अन्तिम समय की बातें

आज 16 सितम्बर, 1927 को निम्नलिखित पंक्तियों का उल्लेख कर रहा हूँ, जबकि 19 सितम्बर, 1927 सोमवार (पौष कृष्ण 11 संवत् 1984 वि.) को साढ़े छह बजे प्रातःकाल इस शरीर को फाँसी पर लटका देने की तिथि निश्चित हो चुकी है। अतएव नियत समय पर इहलीला संवरण करनी होगी। यह सर्वशक्तिमान प्रभु की लीला है। सब कार्य उसकी इच्छानुसार ही होते हैं। यह परमपिता परमात्मा के नियमों का परिणाम है कि किस प्रकार किसको शरीर त्यागना होता है। मृत्यु के सकल उपक्रम निमित्त मात्र हैं। जब तक कर्म क्षय नहीं होता, आत्मा को जन्म-मरण के बन्धन में पड़ना ही होता है, यह शास्त्रों का निश्चय है। यद्यपि यह बात वह परब्रह्म ही जानता है कि किन कर्मों के परिणामस्वरूप कौन सा शरीर इस आत्मा को ग्रहण करता होगा, किन्तु अपने लिए यह मेरा दृढ़ निश्चय है कि मैं उत्तम शरीर धारण कर नवीन शक्तियों सहित अति शीघ्र ही पुनः भारतवर्ष में ही किसी निकटवर्ती सम्बन्धी या इष्ट-मित्र के गृह में जन्म ग्रहण करूँगा, क्योंकि मेरा जन्म-जन्मान्तर उद्देश्य रहेगा कि मनुष्य मात्र का सभी प्रकृति-पदार्थों पर समानाधिकार प्राप्त हो।

कोई किसी पर हुकूमत न करे। सारे संसार में जनतंत्र की स्थापना हो। वर्तमान समय में भारतवर्ष की अवस्था बड़ी शोचनीय है। अतएव लगातार कई जन्म इसी देश में ग्रहण करने होंगे और जब तक कि भारतवर्ष के नर-नारी पूर्णतया सर्वरूपेण स्वतंत्र न हो जाएँ, परमात्मा से मेरी यह प्रार्थना होगी कि वह मुझे इसी देश में जन्म दे ताकि उसकी पवित्र वाणी—'वेद वाणी'—का अनुपम घोष मनुष्य मात्र के कानों तक पहुँचाने में समर्थ हो सकूँ। सम्भव है कि मैं मार्ग-निर्धारण में भूल करूँ, पर इसमें मेरा विशेष दोष नहीं, क्योंकि मैं भी तो अल्पज्ञ जीव मात्र ही हूँ। भूल न करना केवल सर्वज्ञ से ही सम्भव है। हमें परिस्थितियों के अनुसार ही सब कार्य करने पड़े और करने होंगे। परमात्मा अगले जन्म में सुबुद्धि प्रदान करे, ताकि मैं जिस मार्ग का अनुसरण करूँ, वह त्रुटिरहित ही हो।

अब मैं उन बातों का भी उल्लेख कर देना उचित समझता हूँ, जो काकोरी षड्यंत्र के अभियुक्तों के सम्बन्ध में सेशन जज के फैसला सुनाने के पश्चात घटित हुईं। 6 अप्रैल, 1927 को सेशन जज ने फैसला सुनाया था। 18 जुलाई, 1927 को अवध चीफ कोर्ट में अपील हुई। इसमें कुछ सजाएँ बढ़ीं और एकाध की कमी भी हुई। अपील होने की तारीख से पहले मैंने संयुक्त प्रान्त के गवर्नर की सेवा में एक मेमोरियल भेजा था, जिसमें प्रतिज्ञा की थी कि अब भविष्य में क्रान्तिकारी दल से कोई सम्बन्ध न रखूँगा। इस मेमोरियल का जिक्र मैंने अपनी अन्तिम दया-प्रार्थना पत्र में, जो मैंने चीफ कोर्ट के जजों को दिया था, कर दिया था, किन्तु चीफ कोर्ट के जजों ने मेरी किसी प्रकार की प्रार्थना स्वीकार न की। मैंने

स्वयं ही जेल से अपने मुकदमे की बहस लिखकर भेजी, जो छापी गई। जब यह बहस चीफ कोर्ट के जजों ने सुनी, उन्हें बड़ा सन्देह हुआ कि बहस मेरी लिखी हुई न थी। इन तमाम बातों का नतीजा यह निकला कि चीफ कोर्ट अवध द्वारा मुझे महाभयंकर षड्यंत्रकारी की पदवी दी गई। मेरे पश्चातताप पर जजों को विश्वास न हुआ और उन्होंने अपनी धारणा को इस प्रकार प्रकट किया कि यदि यह (रामप्रसाद) छूट गया तो फिर वही कार्य करेगा। बुद्धि की प्रखरता तथा समझ पर प्रकाश डालते हुए मुझे 'निर्दयी हत्यारे' के नाम से विभूषित किया गया। लेखनी उनके हाथ में थी, जो चाहे सो लिखते, किन्तु काकोरी षड्यंत्र का चीफ कोर्ट का आद्योपान्त फैसला पढ़ने से भली-भाँति विदित होता है कि मुझे मृत्युदंड किस खयाल से दिया गया। यह निश्चय किया गया कि रामप्रसाद ने सेशन जज के विरुद्ध अपशब्द कहे हैं, खुफिया विभाग के कार्यकर्ताओं पर लांछन लगाए हैं अर्थात अभियोग के समय जो अन्याय होता था, उसके विरुद्ध आवाज उठाई है, अतएव रामप्रसाद सबसे बड़ा गुस्ताख मुलजिम है। अब माफी चाहे वह किसी रूप में माँगे, नहीं दी जा सकती।

चीफ कोर्ट से अपील खारिज हो जाने के बाद यथानियम प्रान्तीय गवर्नर तथा फिर वायसराय के पास दया-प्रार्थना की गई। रामप्रसाद 'बिस्मिल', राजेंद्रनाथ लाहिड़ी, रोशनसिंह तथा अशफ़ाक उल्ला खाँ के मृत्युदंड को बदलकर अन्य दूसरी सजा देने की सिफारिश करते हुए संयुक्त प्रान्त की कौंसिल के लगभग सभी निर्वाचित हुए मेंबरों ने हस्ताक्षर करके निवेदन-पत्र दिया। मेरे पिता

ने ढाई सौ रईस, ऑनरेरी मजिस्ट्रेट तथा जमींदारों के हस्ताक्षर से एक अलग प्रार्थना-पत्र भेजा, किन्तु श्रीमान सर विलियम मेरिस की सरकार ने एक न सुनी। उसी समय लेजिस्लेटिव असेंबली तथा कौंसिल ऑफ स्टेट के 78 सदस्यों ने हस्ताक्षर करके वायसराय के पास प्रार्थना-पत्र भेजा कि 'काकोरी षड्यंत्र के मृत्युदंड पाए हुओं की मृत्युदंड की सजा बदलकर दूसरी सजा कर दी जाए, क्योंकि दौरा जज ने सिफारिश की है कि यदि ये लोग पश्चातताप करें तो सरकार दंड कम दे। चारों अभियुक्तों ने पश्चातताप प्रकट कर दिया है।' किन्तु वायसराय महोदय ने भी एक न सुनी।

इस विषय में माननीय पं. मदनमोहन मालवीय जी ने तथा असेंबली के कुछ अन्य सदस्यों ने वायसराय से मिलकर भी प्रयत्न किया था कि मृत्युदंड न दिया जाए। इतना होने पर सबको आशा थी कि वायसराय महोदय अवश्यमेव मृत्युदंड की आज्ञा रद्द कर देंगे। इसी हालत में चुपचाप विजयदशमी से दो दिन पहले जेलों को तार भेज दिये गए कि दया नहीं होगी। सबकी फाँसी की तारीख मुकर्रर हो गई। जब मुझे सुपरिंटेंडेंट जेल ने तार सुनाया, तो मैंने भी कह दिया कि आप अपना काम कीजिए किन्तु सुपरिंटेंडेंट जेल के अधिक कहने पर एक तार दया-प्रार्थना का सम्राट के पास भेज दिया, क्योंकि यह उन्होंने एक नियम सा बना रखा है कि प्रत्येक फाँसी के कैदी की ओर से जिसकी दया-भिक्षा की अरजी वायसराय के यहाँ से खारिज हो जाती है, वह एक तार सम्राट के नाम से प्रान्तीय सरकार के पास अवश्य भेजते हैं। कोई दूसरा जेल सुपरिंटेंडेंट ऐसा नहीं करता। उपरोक्त तार लिखते समय मेरा कुछ विचार हुआ कि प्रिवी

कौंसिल इंग्लैंड में अपील की जाए। मैंने श्रीयुत मोहनलाल सक्सेना (वकील), लखनऊ को सूचना दी। बाहर किसी को वायसराय द्वारा अपील खारिज करने की बात पर विश्वास भी न हुआ। जैसे-तैसे करके श्रीयुत मोहनलाल द्वारा प्रिवी कौंसिल में अपील कराई गई। नतीजा तो पहले से मालूम था। वहाँ से भी अपील खारिज हुई। यह जानते हुए कि अँगरेजी सरकार कुछ भी न सुनेगी, मैंने सरकार को प्रतिज्ञा-पत्र क्यों लिखा? क्यों अपीलों पर अपीलें तथा दया-प्रार्थनाएँ कीं? इस प्रकार से प्रश्न उठ सकते हैं। मेरी समझ में सदैव यही आया कि राजनीति एक शतरंज के खेल के समान है। शतरंज के खेलनेवाले भली-भाँति जानते हैं कि आवश्यकता होने पर किस प्रकार अपने मोहरे मरवा देने पड़ते हैं। बंगाल ऑर्डिनेंस के कैदियों के छोड़ने या उन पर खुली अदालत में मुकदमा चलाने के प्रस्ताव जब असेंबली में पेश किये गए, तो सरकार की ओर से बड़े जोरदार शब्दों में कहा गया कि सरकार के पास पूरा सबूत है। खुली अदालत में अभियोग चलाने से गवाहों पर आपत्ति आ सकती है। यदि ऑर्डिनेंस के कैदी लेखबद्ध प्रतिज्ञा-पत्र दाखिल कर दें कि वे भविष्य में क्रान्तिकारी आन्दोलन से कोई सम्बन्ध न रखेंगे, तो सरकार उन्हें रिहाई देने के विषय में विचार कर सकती है। बंगाल में दक्षिणेश्वर तथा शोभा बाजार बम केस ऑर्डिनेंस के बाद खुफिया विभाग के डिप्टी सुपरिंटेंडेंट के कत्ल का मुकदमा भी खुली अदालत में हुआ, और भी कुछ हथियारों के मुकदमे खुली अदालत में चलाए गए, किन्तु कोई एक भी दुर्घटना या हत्या की सूचना पुलिस न दे सकी। काकोरी षड्यंत्र केस पूरे डेढ़ साल तक

अदालतों में चलता रहा। सबूत की ओर से लगभग तीन सौ गवाह पेश किये गए। कई मुखबिर तथा इकबाली खुले तौर से घूमते रहे, पर कहीं कोई दुर्घटना या किसी को धमकी देने की कोई सूचना पुलिस ने न दी। सरकार की इन बातों की पोल खोलने की गरज से मैंने लेखबद्ध बंधेज सरकार को दिया। सरकार के कथनानुसार जिस प्रकार बंगाल ऑर्डिनेंस के कैदियों के सम्बन्ध में सरकार के पास पूरा सबूत था और सरकार उनमें से अनेक को भयंकर षड्यंत्रकारी दल का सदस्य तथा हत्याओं का जिम्मेदार समझती और कहती थी, तो इसी प्रकार काकोरी के षड्यंत्रकारियों के लेखबद्ध-प्रतिज्ञा करने पर कोई गौर क्यों न किया? बात यह है कि 'जबरा मारे रोने न दे।' मुझे तो भली-भाँति मालूम था कि संयुक्त प्रान्त में जितने राजनीतिक अभियोग चलाए जाते हैं, उनके फैसले खुफिया पुलिस के इच्छानुसार लिखे जाते हैं। बरेली पुलिस कांस्टेबलों की हत्या के अभियोग में नितान्त निर्दोष नवयुवकों को फँसाया गया और सी.आई.डी. वालों ने अपनी डायरी दिखलाकर फैसला लिखाया। काकोरी षड्यंत्र में भी अन्त में ऐसा ही हुआ। सरकार की सब चालों को जानते हुए भी मैंने सब कार्य उसकी लम्बी-लम्बी बातों की पोल खोलने के लिए ही किये। काकोरी के मृत्युदंड पाए हुओं की दया-प्रार्थना न स्वीकार करने का कोई विशेष कारण सरकार के पास नहीं। सरकार ने बंगाल ऑर्डिनेंस के कैदियों के सम्बन्ध में जो कुछ कहा था, जो काकोरीवालों ने किया। मृत्युदंड को रद्द कर देने से देश में किसी प्रकार की शान्ति भंग होने अथवा कोई विप्लव हो जाने की सम्भावना न थी। विशेषतया जबकि देश भर के सब

प्रकार के हिन्दू-मुस्लिम असेंबली के सदस्यों ने इसकी सिफारिश की थी। षड्यंत्रकारियों की इतनी बड़ी सिफारिश इससे पहले कभी नहीं हुई। किन्तु सरकार तो अपना पाँसा सीधा रखना चाहती है। उसे अपने बल पर विश्वास है। सर विलियम मेरिस ने ही स्वयं शाहजहाँपुर तथा इलाहाबाद के हिन्दू-मुस्लिम दंगे के अभियुक्तों के मृत्युदंड रद्द किये हैं, जिनको कि इलाहाबाद हाई कोर्ट से मृत्युदंड ही देना उचित समझा गया था और उन लोगों पर दिन-दहाड़े हत्या करने के सीधे सबूत मौजूद थे। ये सजाएँ ऐसे समय माफ की गई थीं, जबकि नित्य नये हिन्दू-मुस्लिम दंगे बढ़ते ही जाते थे। यदि काकोरी के कैदियों को मृत्युदंड माफ करके, दूसरी सजा देने से दूसरों का उत्साह बढ़ता तो क्या इसी प्रकार मजहबी दंगों के सम्बन्ध में भी नहीं हो सकता था? मगर वहाँ तो मामला कुछ और ही है, जो अब भारतवासियों के नरम से नरम दल के नेताओं के भी शाही कमीशन के मुकर्रर होने और उनमें एक भी भारतवासी के न चुने जाने, पार्लियामेंट में भारत सचिव लॉर्ड बर्कनहेड के तथा अन्य मजदूर दल के नेताओं के भाषणों से भली-भाँति समझ में आया है कि किस प्रकार भारतवर्ष को गुलामी की जंजीरों में जकड़े रहने की चालें चली जा रही हैं।

मैं प्राण त्यागते समय निराश नहीं हूँ कि हम लोगों के बलिदान व्यर्थ गए। मेरा तो विश्वास है कि हम लोगों की छिपी हुई आहों का ही यह नतीजा हुआ कि लॉर्ड बर्कनहेड के दिमाग में परमात्मा ने एक विचार उपस्थित किया कि हिन्दुस्तान के हिन्दू-मुस्लिम झगड़ों का लाभ उठाओ और भारतवर्ष की जंजीरें और कस दो। गए थे

रोजा छुड़ाने नमाज गले पड़ गई। भारतवर्ष के प्रत्येक विख्यात राजनीतिक दल ने और हिन्दुओं के तो लगभग सभी तथा मुसलमानों के भी अधिकतर नेताओं ने एक स्वर होकर रॉयल कमीशन की नियुक्ति तथा उसके सदस्यों के विरुद्ध घोर विरोध किया है और अगली कांग्रेस (मद्रास) पर सब राजनीतिक दल के नेता तथा हिन्दू-मुसलमान एक होने जा रहे हैं। वायसराय ने जब हम काकोरी के मृत्युदंड वालों की दया-प्रार्थना अस्वीकार की थी, उसी समय मैंने श्रीयुत मोहनलाल जी को पत्र लिखा था कि हिन्दुस्तानी नेताओं को तथा हिन्दू-मुसलमानों को अगली कांग्रेस पर एकत्रित हो हम लोगों की याद मनानी चाहिए। सरकार ने अशफाक उल्ला को रामप्रसाद का दाहिना हाथ करार दिया। अशफाक उल्ला कट्टर मुसलमान होकर पक्के आर्य-समाजी रामप्रसाद का क्रान्तिकारी दल के सम्बन्ध में यदि दाहिना हाथ बन सकते हैं, तब क्या भारतवर्ष की स्वतंत्रता के नाम पर हिन्दू-मुसलमान अपने निजी छोटे-छोटे फायदों का खयाल न करके आपस में एक नहीं हो सकते?

परमात्मा ने मेरी पुकार सुन ली और मेरी इच्छा पूरी होती दिखाई देती है। मैं तो अपना कार्य कर चुका। मैंने मुसलमानों में से एक नवयुवक निकालकर भारतवासियों को दिखला दिया, जो सब परीक्षाओं में पूर्णतया उत्तीर्ण हुआ। अब किसी को यह कहने का साहस न होना चाहिए कि मुसलमानों पर विश्वास न करना चाहिए। पहला तजुर्बा था, जो पूरी तौर से कामयाब हुआ। अब देशवासियों से यही प्रार्थना है कि यदि वे हम लोगों के फाँसी पर चढ़ने से जरा भी दुखित हुए हों, तो उन्हें यही शिक्षा लेनी चाहिए कि हिन्दू-मुसलमान

तथा सब राजनीतिक दल एक होकर कांग्रेस को अपना प्रतिनिधि मानें। जो कांग्रेस तय करे, उसे सब पूरी तौर से मानें और उस पर अमल करें। ऐसा करने के बाद वह दिन बहुत दूर न होगा जबकि अँगरेजी सरकार को भारतवासियों की माँग के सामने सिर झुकाना पड़े और यदि ऐसा करेंगे तब तो स्वराज्य कुछ दूर नहीं। क्योंकि फिर तो भारतवासियों को काम करने का पूरा मौका मिल जाएगा। हिन्दू-मुस्लिम एकता ही हम लोगों की मददगार तथा अन्तिम इच्छा है, चाहे वह कितनी कठिनता से क्यों न प्राप्त हो। जो मैं कह रहा हूँ वही श्री अशफाक उल्ला खाँ वारसी का भी मत है, क्योंकि अपील के समय हम दोनों लखनऊ जेल में फाँसी की कोठरियों में आमने-सामने कई दिन तक रहे थे। आपस में हर तरह की बातें हुई थीं। गिरफ्तारी के बाद से हम लोगों की सजा बढ़ने तक श्री अशफाक उल्ला खाँ की बड़ी उत्कट इच्छा यही थी कि वह एक बार मुझसे मिल लेते, जो परमात्मा ने पूरी कर दी।

श्री अशफाक उल्ला खाँ तो अँगरेजी सरकार से दया-प्रार्थना करने पर राजी ही न थे। उनका तो अटल विश्वास यही था कि खुदाबन्द करीम के अलावा किसी दूसरे से दया-प्रार्थना न करनी चाहिए; परन्तु मेरे विशेष आग्रह से ही उन्होंने सरकार से दया-प्रार्थना की थी। इसका दोषी मैं ही हूँ, जो मैंने अपने प्रेम के पवित्र अधिकारों का उपयोग करके श्री अशफाक उल्ला खाँ को दृढ़ निश्चय से विचलित किया। मैंने एक पत्र द्वारा अपनी भूल स्वीकार करते हुए भ्रातृ-द्वितीया के अवसर पर गोरखपुर जेल से श्री अशफाक को पत्र लिखकर क्षमा-प्रार्थना की थी। परमात्मा जाने

कि वह पत्र उनके हाथों तक पहुँचा भी या नहीं। खैर, परमात्मा की ऐसी ही इच्छा थी कि हम लोगों को फाँसी दी जाए, भारतवासियों के जले हुए दिलों पर नमक पड़े, वे बिलबिला उठें और हमारी आत्माएँ उनके कार्य को देखकर सुखी हों। जब हम नवीन शरीर धारण करके देशसेवा में योग देने को उद्यत हों, उस समय तक भारतवर्ष की राजनीतिक स्थिति पूर्णतया सुधरी हुई हो। जनसाधारण का अधिक भाग सुशिक्षित हो जाए। ग्रामीण लोग भी अपने कर्तव्य समझने लग जाएँ।

प्रिवी कौंसिल में अपील भिजवाकर मैंने जो व्यर्थ का अपव्यय करवाया, उसका भी एक विशेष अर्थ था। सब अपीलों का तात्पर्य यह था कि मृत्युदंड उपयुक्त नहीं, क्योंकि न जाने किसकी गोली से आदमी मारा गया। अगर डकैती डालने की जिम्मेदारी के खयाल से मृत्युदंड दिया गया तो चीफ कोर्ट के फैसले के अनुसार भी मैं ही डकैतियों का जिम्मेदार तथा नेता था, और प्रान्त का नेता भी मैं ही था। अतएव मृत्युदंड तो अकेला मुझे ही मिलना चाहिए था। अन्य तीन को फाँसी नहीं देनी चाहिए थी। इसके अतिरिक्त दूसरी सजाएँ सब स्वीकार होतीं। पर ऐसा क्यों होने लगा? मैं विलायती न्यायालय की भी परीक्षा करके स्वदेशवासियों के लिए उदाहरण छोड़ना चाहता था कि यदि कोई राजनीतिक अभियोग चले तो वे कभी भूलकर भी किसी अँगरेजी अदालत का विश्वास न करें। तबीयत आए तो जोरदार बयान दें। अन्यथा मेरी तो यही राय है कि अँगरेजी अदालत के सामने न तो कभी कोई बयान दें और न कोई सफाई पेश करें। काकोरी षड्यंत्र के अभियोग से शिक्षा प्राप्त कर लें।

इस अभियोग में सब प्रकार के उदाहरण मौजूद हैं। प्रिवी कौंसिल में अपील दाखिल कराने का एक विशेष अर्थ यह भी था कि मैं कुछ समय तक फाँसी की तारीख टलवाकर यह परीक्षा करना चाहता था कि नवयुवकों में कितना दम है और देशवासी कितनी सहायता दे सकते हैं। इसमें मुझे बड़ी निराशापूर्ण असफलता हुई। अन्त में मैंने निश्चय किया था कि यदि हो सके तो जेल से निकल भागूँ। ऐसा हो जाने से सरकार को अन्य तीनों फाँसीवालों की सजा माफ कर देनी पड़ेगी और यदि न करते तो मैं करा लेता। मैंने जेल से भागने के अनेक प्रयत्न किये, किन्तु बाहर से कोई सहायता न मिल सकी। यही तो हृदय पर आघात लगता है कि जिस देश में मैंने इतना बड़ा क्रान्तिकारी आन्दोलन तथा षड्यंत्रकारी दल खड़ा किया था, वहाँ से मुझे प्राणरक्षा के लिए एक रिवॉल्वर तक न मिल सका। एक नवयुवक भी सहायता को न आ सका। अन्त में फाँसी पा रहा हूँ। फाँसी पाने का मुझे कोई भी शौक नहीं, क्योंकि मैं इस नतीजे पर पहुँचा हूँ कि परमात्मा को यही मंजूर था।

मगर मैं नवयुवकों से फिर भी नम्र निवेदन करता हूँ कि जब तक भारतवासियों की अधिक संख्या सुशिक्षित न हो जाए, जब तक उन्हें कर्तव्य-अकर्तव्य का ज्ञान न हो जाए, तब तक वे भूलकर भी किसी प्रकार के क्रान्तिकारी षड्यंत्रों में भाग न लें। यदि देश सेवा की इच्छा हो तो खुले आन्दोलनों द्वारा यथाशक्ति कार्य करें, अन्यथा उनका बलिदान उपयोगी न होगा। दूसरे प्रकार से इससे अधिक देश सेवा हो सकती है, जो ज्यादा उपयोगी सिद्ध होगी। परिस्थिति अनुकूल न होने से ऐसे आन्दोलनों में परिश्रम प्रायः व्यर्थ जाता है।

जिनकी भलाई के लिए करो, वही बुरे-बुरे नाम धरते हैं और अन्त में मन-ही-मन कुढ़-कुढ़कर प्राण त्यागने पड़ते हैं।

देशवासियों से यही अन्तिम विनय है कि जो कुछ करें, सब मिलकर करें और सब देश की भलाई के लिए करें। इसी से सबका भला होगा।

मरते 'बिस्मिल' 'रोशन' 'लहरी' 'अशफाक' अत्याचार से।
होंगे पैदा सैकड़ों इनके रुधिर की धार से॥